教育・環境・安全の見方や選び方、付き合い方まで

子どもがすくすく育つ
幼稚園・保育園

猪熊弘子　寺町東子

教育・環境・安全の見方や選び方、付き合い方まで
子どもがすくすく育つ幼稚園・保育園

はじめに …… 6
未就学児が通う主な教育・保育施設 …… 12
保育所と小規模保育施設の違い …… 14
「子ども・子育て支援新制度」について …… 15

column 1
長時間保育の是非 …… 16

第1章
園の種類と教育

1 「3歳児神話」を超えて …… 18
2 変化していく園と増える選択肢 …… 21

もくじ

3 幼稚園も保育園も教育内容は同じ …… 25
4 特色ある保育を行う園をどう考える? …… 32
5 子どもにとって本当に必要なこと …… 42
6 時代が求める子どもの「主体性」 …… 50
7 遊びを中心とした保育とは? …… 58
8 記録の大切さ ~遊びの中に含まれる学びの要素を伝える …… 70

column 2
変わりゆく幼稚園のこと …… 74

第2章
保育の質

1 保育の質の三要素 …… 76
2 プロセスの質 ~環境を通じた保育 …… 80
3 構造の質 ~保育を支える制度や基準 …… 83

4 プロセス&構造の質 ～立地や建物、園庭のこと …… 90
5 労働環境の質 ～保育者の働き方 …… 99
6 安全を守りながら地域とつながる …… 103
column 3 小規模保育施設のこと …… 108

第3章 命を守る

1 子どもは不慮の事故に遭いやすい …… 110
2 実際に起きた事故と経緯 …… 122
3 なぜ重大事故が繰り返されてきたか …… 143
4 重大事故をなくすためにできること …… 151
5 非常時の対応について …… 162

もくじ

column 4
園での事故、多いか少ないか……168

第4章
保護者にできること

1 子どもにとってよい園なのかをチェック……170
2 発達や健康の状態は正直に伝えよう……187
3 子どもに変化があれば先生に相談を……192
4 園に問題があると思ったらどう対処するか……198
5 もしも重大事故が起きてしまったら……204

column 5
企業保育所には倒産の可能性もある……212

おわりに……213

はじめに

一般社団法人 子ども安全計画研究所
猪熊弘子
寺町東子

小学校に入る前のお子さんを、どんなところに通わせたいですか？

ひと昔前までは、「共働きなら保育園」「共働きでなければ幼稚園」といった単純明快な線引きがありました。しかし、今ではそれほど単純ではなくなっています。０～５歳の子どもが通う施設は多様化し、様々な選択肢が増えました。たとえば、両親ともに働いていても子どもを幼稚園に通わせている家庭も少なくありませんし、保育施設の種類も昔に比べてかなり増えています。３歳以上なら、両親ともに働いていてもいなくても通える認定こども園もあります。

大きく分けると、都道府県や市区町村が認可する施設と、されていない施設とがあります。

認可施設には、都道府県が認可する幼稚園、認可保育所（正式には保育所ですが、以下では通例的に保育園と呼びます）、認定こども園があり、それぞれ公立・私立があります。また、市区町村が認可する、小規模保育、事業所内保育、保育ママがあります。

認可外保育施設には、託児所やベビーホテルなどのほか、都道府県や市区町村が独自に補助金を出して運営している認証保育所や認定保育園などと呼ばれる施設、企業などが運営している企業主導型事業所内保育所、スポーツクラブなどが幼稚園と同じように経営している認可外の幼稚園類似施設もあります。

２０１５年４月から「子ども・子育て支援新制度」がスタートし、自治体が認可している保育施設を利用するためには、まず保護者が自治体に申請し、保護者の働き方と子どもの年齢によって1号、2号、3号、教育標準時間、保育短時間・保育標準時間という区分の「認定」を受けることが必要になりました（15ページ参照）。これは介護保険に近い制度で、保護者は認定を受けたぶんだけの保育を利用できることになります。この制度がとても複雑なことに加えて、待機児童解消のためにとしばしば規制緩和が行われ、国が示す基準や自治体ごとに定めた制度も短い期間でたびたび変更されることがあります。様々な施設が乱立しているうえに、制度も頻繁に変わってわかりにくいので、大切なわが子をどこに預けようか、保護者は大いに迷って当然でしょう。

とはいえ、都市部に住んでいる人が保育園を選ぶ場合には、待機児童が多すぎることから「迷う」余地すらないこともあるでしょう。「預かってくれればどこでもいい」という悲鳴にも似た保護者の声を何度も聞いたことがあります。

そんな状況でも、やはり保護者のみなさんには知識を身につけ、子どもにとってよりよい保育施設を選ぶ目を磨いてほしいと思うのです。

というのも、残念なことに、保育園・幼稚園での死亡事故、重大事故が後を絶たないからです。厚生労働省や内閣府の発表で、２００４年から２０１６年までの13年間に、日本国内の保育施設で少なくとも１９０人もの子どもが亡くなったことがわかっています。保護者が「ここなら子どもの成長のためによいだろう」と信じて預けた施設で子どもが命を落とすことほど悲しいことはありません。絶対に起きてほしくない出来事です。

では、どのような園を選べばよいのでしょう?

保護者はいったい何を基準に「よい園」かどうかを判断すればいいのでしょうか?

究極的に言えば、「よい園」とは、子どもの命を大切にしている園だと思います。

「子どもの命を大切にする」とは、単純に「子どもが無事に生きている」ということだけではなく、「子ども一人ひとりの存在を大切にすること」です。

死亡事故が起きてはならないのは当然ですが、だからといって危険な要素がまったくない「箱」に入れ、何もさせずにただ「生かしておく」だけでは子どもは成長しませんし、発達も保

はじめに

障できません。ときには危険をはらんだ活動をしながらも、安全がしっかり守られ、子どもらしい経験を日々積み重ねることができるような環境の中で、子どもたちは日々遊びを通して様々な経験をすることで学び、「育っていく」のです。

乳幼児教育に関するOECD（経済協力開発機構）の調査報告書「Starting Strong Ⅲ」の中では、「質の低い幼児教育・保育は子どもの発達に好影響をもたらすどころか、長期的な悪影響を及ぼしかねない」ということが明らかにされています。保育者が子ども一人ひとりに愛情を持って接し、子どもたちが毎日の遊びの中で豊かな学びを得られる、質の高い園を探してみましょう。子どもの発達を保障するために、よりよい幼稚園や保育園に子どもを預けることは、極めて前向きな選択なのです。

私たち著者ふたりは、約20年前、保育園に子どもを預けている母親同士として保護者会の活動の中で出会い、猪熊はジャーナリスト・研究者として、寺町は弁護士・社会福祉士として、保育事故・学校事故の遺族の方たちとも協力し合いながら、幼児教育・保育施設での重大事故をなくそうという活動に取り組んできました。同時に全国各地の多くの幼児教育・保育施設を視察し、保育の現状について知り、よりよい保育について学んできました。保育士資格も取得し、現在では、幼児教育・保育施設での子どもの安全と豊かな経験に基づく発達保障の両立を目指すため、「一般社団法人子ども安全計画研究所」を共に運営しています。

２０１５年の「子ども・子育て支援新制度」のスタートと同時に、新制度下で運営される保育施設に、重大事故の報告義務が課せられるようになりました。さらに、２０１６年３月には「教育・保育施設等における事故防止及び事故発生時の対応のためのガイドライン」が編纂されるなど、幼児教育・保育施設での重大事故を防ぐための取り組みは一歩ずつ進んできました。子どもたちの命を守ろうという世論はある程度形成されたと思います。

しかし、それでも未だに劣悪な施設は残されています。子どもたちの権利を守らない保育も行われています。子どもたちを守るために、保護者は「保育」に対する知識を増やし、目を肥やして自衛しなければなりません。保護者が知識を身につけることで、子どもたちにとってよくない施設が淘汰され、排除されていくことにつながります。

保護者にとってもっとも必要なことは、「保育」とは何なのかといったことを理解した上で、園や保育者、そして仲間の保護者と一緒に子どもを育てていくというスタンスを持つことです。子どもをただ園に預ければよいのではなく、保護者同士が手を組み、保育者を応援し、園と協同で子どもたちを育てていくことが必要なのです。子どもを共に育てていくうちに、保護者も「親」として育てられ、成長していきます。同時に園や保育者も、互いに理解しあうことでよりよい園に育っていきます。お互いに成長しながら、共に歩んでいける園を探すことが大切です。私たちは保育の「消費者」ではないのです。


もうこれ以上、1人でも子どもの命を失いたくない。

悲しい思いをする保護者や保育者がいなくなってほしい。

すべての子どもたちが、大人たちの愛情に包まれ、守られ、学びのある豊かな子ども時代を過ごすことができるようになってほしい。

それが、私たちのいちばんの願いです。

この本を通して、子どもの施設では何を大切にすればいいのかを、保護者のみなさんと、幼児教育・保育にかかわる現場の先生方と一緒に考えていただくことができればと考えています。保護者のみなさんは、ぜひ本書を読み終えてから園の見学をしてみてください。きっと見える景色が変わるはずです。そして、現場の先生方にとっても自園の保育をよりよいものへと変える手がかりになれば幸いです。

日本で未就学児が通う主な保育・教育施設には、様々な種類があります。それぞれ法律で細かく定義付けられ、区分されていているので知っておいたほうがよいでしょう。

支援新制度						認可外保育施設		
		地域型保育給付				内閣府補助	地方財源	補助なし
	保育所	**小規模保育**	**家庭的保育**	**居宅訪問型保育**	**事業所内保育**	**企業主導型保育**	**地方単独保育施設**（認証保育所など）	**その他**（認可外保育施設）
	児童福祉法 子ども・子育て支援法	子ども・子育て支援法				児童福祉法		
	児童福祉施設の設備及び運営に関する基準	条例による				認可外保育施設指導監督基準		
	保育所保育指針	幼稚園教育要領／保育所保育指針に則る				保育所保育指針を踏まえる	保育所保育指針を理解する	
あり						参考		
	2号認定	2号認定				認定不要		
3号認定						認定不要		
	園庭がなくても、近隣に代わりになる公園などがあれば認可される。長時間保育を行い、長期休暇はない。休日保育・年末保育などもある	0～2歳の子どもを最大19人まで保育。3歳以上の連携施設があればよいが、ない場合は再度保活が必要	いわゆる「保育ママ」。個人の家庭で、あるいは複数の保育ママが連携して保育を行う	保育者に自宅で保育をしてもらう。障害や病気などの特別な事情がある子どもが対象	事業所の中に作られ、地域の子どもも利用できる保育所。認可施設なので利用には「認定」が必要	内閣府が主導し、企業や学校などの事業所内に作る認可外保育施設。「事業所内保育所」とは違う。地域の子どもたちの枠は施設による	東京都認証保育所など、自治体が独自の補助金で運営している認可外保育施設	夜間や宿泊に対応するベビーホテルなど様々な形態で子どもを預かる施設。都道府県で監査を行う
	0歳児3人に1人、1・2歳児6人に1人、3歳児20人に1人、4・5歳児30人に1人	保育所基準	0～2歳児3人に1人、補助者を置く場合は5人に2人	乳幼児1人に1人	保育所基準。19人以下の場合には配置基準＋1人以上、最低2人配置	保育所（定員20人以上）の配置基準＋1名以上、最低2人配置	保育所基準に準じて、自治体が設定	保育所基準に基づき最低2人配置
	保育士	A型・B型・C型のタイプによって異なる（詳しくはP14）	家庭的保育者（＋家庭的保育補助者）	保育士、または市町村長が認める者	保育士。19名以下の場合、小規模A・B型と同様に資格者1／2以上	保育従事者の1／2以上が保育士	自治体が設定	保育従事者の1/3以上は保育士が望ましいが、罰則なし
	自治体に申請					園に直接申し込み		

まずはチェック！

未就学児が通う主な教育・保育施設

財源	私学助成	子ども・子育て 施設型給付				
施設種類	幼稚園		認定こども園 幼稚園型	認定こども園 幼保連携型	認定こども園 保育所型	認定こども園 地方裁量型
根拠法	学校教育法	学校教育法 子ども・子育て支援法	認定こども園法、子ども・子育て支援法			
設置基準	幼稚園設置基準		幼稚園設置基準	幼保連携型認定こども園の学級の編制、職員、設備及び運営に関する基準	児童福祉施設の設備及び運営に関する基準	認可外保育施設と同じ（条例による）
保育の準則※1	幼稚園教育要領 学校保健安全法		幼保連携型認定こども園教育・保育要領／幼稚園教育要領／学校保健安全法	幼保連携型認定こども園教育・保育要領	幼保連携型認定こども園教育・保育要領／保育所保育指針	幼保連携型認定こども園教育・保育要領／保育所保育指針／幼稚園教育要領
ガイドライン※2の適用	必要に応じて踏まえる	あり				
対象年齢 5歳児・4歳児・3歳児	認定不要	1号認定	1号認定・2号認定			
対象年齢 満3歳	↓		3号認定			
対象年齢 2歳児・1歳児・0歳児						
施設の特徴	園庭がある。基本保育時間は4時間程度。「預かり保育」の時間は園による。長期休暇（夏・冬・春）がある		幼稚園が認定こども園になった施設。2号認定に対応して長時間保育を行い、長期休暇の間も保育園と同じ保育を行っている。0～2歳の保育を行っていない園もある	幼稚園と保育所の両方の高い基準をとっている施設。園庭も給食もある	保育所が認定こども園になった施設。基本的には保育所と同じだが、長時間保育の必要がない1号認定の子どもも預かる	認可外保育施設が、都道府県に申請して認定こども園になった施設。基本的に認可外保育施設なので基準もゆるくなりがち
配置基準	1学級あたり専任教諭1人（3～5歳、1学級の幼児数は35人以下が原則）		0～2歳は保育所基準。3～5歳の短時間児は幼稚園基準で、長時間児は保育所基準	0～2歳は保育所基準。3～5歳は保育所基準にしたうえ、1学級あたり専任教諭1人	保育所基準	保育所基準に基づき、自治体が決定
職員資格	幼稚園教諭（一種・二種・専修）		0～2歳は保育士、3～5歳は幼稚園教諭・保育士			
申し込み方法	園に直接申し込み		1号認定（幼稚園部分）は園に直接申し込み。2・3号認定（保育園部分）は自治体に申請			

※1 準則＝従うべき規則。　※2 ガイドライン＝内閣府「教育・保育施設等における事故防止ガイドライン」

保育所と小規模保育施設の違い

認可保育所は都道府県、小規模保育施設は市区町村と、両方とも「認可」施設で、入所の申し込みはどちらも市区町村の窓口で行います。しかし、その基準はずいぶん違っています。さらに小規模保育施設はA型・B型・C型の3種類にわかれており、資格者の配置などの基準が違います。小規模保育施設を選ぶ場合には、それがどの型なのかを確認することが大切です。

	保育所	小規模保育施設		
		A型	B型	C型
職員数	0歳児は3人に1人 1・2歳児は6人に1人	保育所の配置基準+1人	保育所の配置基準+1人	0〜2歳児3人に1人(補助者を置く場合は、5人に2人)
資格	保育士 ※保健師または看護師でもOKの特例有(1人まで)	保育士 ※保育所と同様、保健師又は看護師の特例を設ける	1/2以上保育士 ※保育所と同様、保健師または看護師の特例を設ける ※保育士以外には研修実施	家庭的保育者 ※市町村長が行う研修を修了した保育士、保育士と同等以上
保育室等	**0歳・1歳** **●乳児室** 1人当たり 1.65m² **●ほふく室** 1人当たり 3.3m² **2歳以上** **●保育室等** 1人当たり 1.98m²	**0歳・1歳児** 1人当たり 3.3 m² **2歳児** 1人当たり 1.98 m²	**0歳・1歳児** 1人当たり 3.3 m² **2歳児** 1人当たり 1.98 m²	**0歳〜2歳児** いずれも 1人当たり 3.3m²
給食	自園調理 調理室 調理員	自園調理(連携施設等からの搬入可) 調理設備 調理員	自園調理(連携施設等からの搬入可) 調理設備 調理員	自園調理(連携施設等からの搬入可) 調理設備 調理員
利用定員	20人以上	6〜19人	6〜19人	6〜10人 経過措置あり
連携施設		連携施設の設定が必要 特例・経過措置あり	連携施設の設定が必要 特例・経過措置あり	連携施設の設定が必要 特例・経過措置あり

「子ども・子育て支援新制度」について

2015年4月から「子ども・子育て支援新制度」という制度が導入され、認定こども園や幼稚園や保育所などに対する財政支援の仕組みが共通化されました。また、3つの子どもの認定区分と2つの保育必要時間の区分が設けられ、それによって利用できる施設と時間が違います。

子ども・子育て支援新制度

～認定こども園・幼稚園・保育所・小規模保育など共通の財政支援のための仕組み～

施設型給付

幼稚園
3～5歳

認定こども園
0～5歳

- 幼保連携型
  ※幼保連携型については、認可・指導監督を一本化、学校及び児童福祉施設としての法的位置づけを与える等、制度改善を実施
- 幼稚園型
- 保育所型
- 地方裁量型

保育所
0～5歳

※私立保育所については、児童福祉法第24条により市町村が保育の実施義務を担うことに基づく措置として、委託費を支弁。

地域型保育給付

小規模保育、家庭的保育、居宅訪問型保育、事業所内保育

3つの認定区分

1号認定子ども
幼稚園児相当 ＝
3～5歳・
保育は不要な子ども
→教育標準時間(4h)

2号認定子ども
3～5歳の保育園児相当 ＝
3～5歳・保育が必要な子ども
→標準時間（～11h）
短時間（～8ｈ）

3号認定子ども
0～2歳の保育園児相当 ＝
0～2歳の保育が必要な子ども
→標準時間（～11h）
短時間（～8ｈ）

2号・3号認定子どもの2つの認定区分

①保育標準時間

- 両親ともフルタイムで就労、またはそれに近い場合 ＝ **「保育標準時間(利用)」**
- 認定を受けるための就労時間の下限 ＝ **週30時間程度（月120時間程度）**
- **1日**の保育時間は**11時間**まで

②保育短時間

- 両親の両方、またはいずれかがパートタイムで就労 ＝ **「保育短時間(利用)」**
- 認定を受けるための**就労**時間の下限 ＝ **月48～64時間**（自治体が条例で決定）
  （参考：月48時間の働き方→1日3ｈ×週4日）
- **1日**の保育時間は**8時間**まで

column 1

長時間保育の是非

「長時間」保育と聞いて、何時間をイメージしますか？

幼稚園児にとって、1日8時間は長時間かもしれません。保育園児にとっても、保育所の標準時間である11時間は長時間かもしれません。最近は、夜の22時まで開所している認可保育所もありますから、朝8時に預けるとすると、14時間の保育ということもあるでしょう。

2015年のベネッセ教育総合研究所の調査によると、幼稚園・保育園に通う子どもが平日に家の外にいる時間の平均は、幼稚園児で6時間11分、保育園児で9時間34分とのことです。これはあくまでも平均で、3歳児以上の保育園児で平日の平均在園時間が9時間くらいなのは24.1%、10時間くらいなのは21.3%、11時間くらいなのは12.7%、12時間以上なのは1.5%、不明は3.7%でした。過去20年間で、徐々に在園時間は延びてきています。

子どもの在園時間は、保護者の働き方、つまり社会のあり方に左右されます。この20年間の労働環境の変化を見ると、短時間勤務の非正規雇用労働者の増加によって全体の労働時間は減っているものの、正規雇用労働者の長時間労働には変化が見られません。むしろ、正規雇用が狭き門になっていることから、業種によっては正社員ゆえに残業が増えている業種も見られます。

保護者の就労によって、その家族の家計が賄われている以上、長時間保育の是非と言っても、仕事を確保するためには預けざるを得ない面は否めません。

そこで、就労上の必要に応じて保育時間は決めるにしても、子どもに無理をさせ過ぎずに、なんとか折り合いをつける方法を考えたいものです。

大人でも1日8時間も働けば、たとえ楽しかったとしても疲れるでしょう。同じように、子どもだって、常に他人と同じ空間を共有して、折り合いをつけながら生活することは、たとえ楽しくても肉体的にも精神的にも疲れることではあります。いつも通りの保育時間でも、週の前半よりも週の後半の金曜日のほうが疲れは溜まっていて、ケガが増える傾向にあるほどです。

ですから、仕事の山場で開園時間いっぱい預ける日もあるなら、山場を越したときには休暇を取って子どもと一緒にゴロゴロするとか、早めに迎えに行って疲れを取るとか、あるいは保護者は長時間働かざるを得なくてもほかの家族やベビーシッターさんなどにお願いして自宅でマイペースにゆったり過ごせる日を作るなど、子どもの調子に合わせてメリハリがつけられるとよいのではないでしょうか。

第1章

園の種類と教育

1 「3歳児神話」を超えて

この本を手に取った方の多くは、きっとすでに「子どもを人に預ける」ことにあまり抵抗がない方たちだろうと思います。

しかし、未だ日本に根強く残っているのは「3歳までの子どもは母親が家庭で育てるべき」という古い考え方です。古いどころか、近年、ますますそういった考え方が社会のあちこちに「地雷」のように埋め込まれているようにさえ感じます。

「3歳までの子どもは母親が家庭で育てるべき」という考え方を「3歳児神話」と呼びます。

これはもともと、1951年にイギリスの精神科医ボウルビィがWHOの委託で行った孤児院の子どもたちに対する調査に基づいて発表した『乳幼児の精神衛生』(『Maternal Care and Mental Health』)にルーツがあります。戦争で孤児となり家族から切り離されて育ってきた子どもたちに精神的な遅れが生じやすくなるという調査結果をもとに、ボウルビィは子どもが育つ過程で信頼できる大人との愛着関係を築くことが大切である、という「愛着理論」を作り出したのです。

この理論は本来、「信頼できる大人」との愛着関係を築くこと、とされていたのに、それが「母親」にすり替えられて広まっていきました。そして、働く母親を家庭に引き戻し、「子どもは母親が家庭で育てるべき」という社会通念を育てることにつながっていったのです。特にイギリスでは、ボウルビィの愛着理論のために保育施設の普及が遅れました。日本でも１９６０年代の高度経済成長期にこの考え方が定着し、それ以来、「３歳児神話」が母親たちを苦しめる原因となってきました。

しかし、現在では「３歳児神話」は完全に否定されています。１９９８年度の『厚生白書』には「子どもは三歳までは、常時家庭において母親の手で育てないと、子どものその後の成長に悪い影響を及ぼす」と考える意識、いわゆる「３歳児神話」には「少なくとも合理的な根拠は認められない」と記されました。国が正式に「３歳児神話」を否定したのです。

本来、ボウルビィが調査に基づいて言っていたのは、「信頼できる大人」との愛着関係です。家庭では父親・母親、あるいは祖父母などの信頼できる家族が、その役割を果たします。そして、幼児教育・保育施設では、保育者が「信頼できる大人」になります。

子どもに必要なのは、ただ「母親」とずっと一緒にいることではなく、男性でも女性でも、家族であっても家族でなくても、信頼できる養育者や保育者とのあいだに信頼関係を築くことです。そういった大人との信頼関係が育っていく中で、子どもたちは自己肯定感を育んでいきます。「世界は安心で、自分は大切な人間だ」と思えるようになり、自己肯定感をしっかり育むことができれば、集団保育を受けても子どもたちの成長には何ら問題はありません。

もちろん、未だに「母親は働かずに3歳までは家庭で育てればいい」という意見の人はいますし、わざわざ伝えてくることもあります。しかし、父親一人の働きで家庭を支えられた「右肩上がり経済」の時代はとっくに終わりました。夫婦が共に非正規就労で収入が少ない家庭や、シングルで子育てをする家庭も増えています。教育費は上昇する一方で、子育てにかかるお金の負担は極めて重くのしかかってきます。母親でも父親でも、子どもが生まれる前から続けていた仕事を辞める選択をするのは厳しい時代です。

個人的な選択としても「共働き」は、若い子育て世代においては当然になっていますし、社会的にも現役世代の人口が激減し、女性、男性、そして世代を問わない「一億総活躍」がうたわれるようになってきています。女性が子どもを預けて働くことを責めるような時代は終わりました。もし「3歳児神話」を引き合いに出されても、まったく気にする必要はないことを覚えておいてください。

2 変化していく園と増える選択肢

「はじめに」で述べたように、現在は様々な子どものための幼児教育・保育施設があります。３～５歳の子どもが通う文部科学省（以下、文科省）管轄の教育施設である「幼稚園」、親が働いているなど昼間に子どもの世話をする人がいない家庭の０～５歳の子どもを預かる厚生労働省（以下、厚労省）管轄の福祉施設である「保育所」のほかに、幼稚園・保育園の両方の機能を備えた内閣府管轄の「認定こども園」などです。

20年ほど前までは、認可保育所での０歳児の保育時間は、最長でも夕方５時頃までで、それ以降も預けようとすれば認可外保育施設しかありませんでした。ところが、近年では認可保育所の保育時間が延び、夜10時過ぎまで開所しているところもありますし、夜間保育園として運営されている認可保育所もあります。０歳児であっても、夜８時までの保育を行っている認可保育所も少なくありません。

幼稚園でも同じような傾向があります。一般的に幼稚園の保育時間は午後１～２時頃までですが、夕方あるいは夜までの「預かり保育」のほか、夏休みなどの長期休暇の間の「預かり保育」が、全体の9割近くになっています。両親ともに働いていても幼稚園を希望したり、待機児童が多い地域で保育園の代わりに幼稚園を選んだりすることも増えています。

そして、学校法人が幼稚園と保育園を運営したり、幼稚園が認定こども園になったり、学校法人が別に社会福祉法人を設立して保育園を運営したり、幼稚園が小規模保育園を運営したりと、様々なパターンが登場してきています。保護者の働き方やライフスタイルに合わせて、多様な選択ができるようになってきています。子どもをどこに通わせようかと考え、迷う保護者も多いはずです。

「子どもをどんな幼稚園や保育園に通わせよう?」と考えるとき、多くの保護者がまず自分が子どもの頃に通っていた園のことを思い出すのではないでしょうか。

園での生活が「楽しかった」という記憶が残っている保護者は、子どもも自分が通っていた園、あるいは自分が通っていた園に似ているところに「通ってほしい」と考えるかもしれません。実際、同じ幼稚園・保育園に親子2代、3代と通っている方も少なくないようです。園長先生から「卒園生の子どもが入ってきた」と聞くことがあります。それは保護者によい思い出があるからこそだと思います。反対に保護者に「つらかった」という記憶が強く残っていれば、自分が通っていたような園には「通わせたくない」と考えるのではないでしょうか。

しかし、知っておいていただきたいのは、保護者の子ども時代の記憶ほどあてにならないものはないということです。保護者世代が幼稚園や保育園に通っていたのは、すでに20～30年以上も昔のこと。時代が変わって、世の中で「よい」とされる保育が変わりました。また、その園の運営自体が変わってしまっているかもしれません。

園が変わる最大の要因は、園の運営の「トップ」が変わることです。たとえば公立の幼稚園や保育園では、園長や施設長など運営のトップだけでなく、自治体の首長が交代することで方針が変わることがあります。首長の方針次第で民営化や改組が行われることもありますし、公務員である園長や職員の異動が毎年行われるため、比較的短いスパンで保育内容や園の雰囲気ががらりと変わることもあるのが、公立園の特徴です。

地域に根ざし、長く学校法人や宗教法人、社会福祉法人によって運営されてきた私立の幼稚園や保育園は、公立園よりは変化が少ないでしょう。それでも保護者世代が通っていた時代に園長や理事長だったトップが引退し、次世代の人に交代するときには大きく変化することがあります。同じ法人による運営が続いていたとしても、代替わりした次世代のトップが保育の方法や内容を大幅に見直していることが少なくないのです。

もちろん、園が変わることは悪いことではありません。代替わりしても新しい保育を学んで取り入れることなく、かつての栄光に寄りかかって昔のままの保育を続けることは、じつはイージーでラクなことです。保育者は何も新しいことを勉強する必要はなく、ただ昔から続いてきた通りの保育をしていけばいいだけだからです。

むしろ、代替わりのときに保育を変えることのほうが、園にとっては大きな冒険になります。新しいトップの方針転換にすぐについていけないベテランの保育者たちに新しい方針を理解し、実践してもらうためには、血を流すような覚悟が必要になってきます。

とはいえ「変化」はすればよいというものではありません。「どう変わるか」が問題です。トップが代替わりするときに、今の時代にふさわしい子どもの主体性を育てる自由な保育に変わればよいことですが、逆に過度の早期教育を取り入れるなど、必ずしもよい変化をしている園ばかりではありません。

保護者には「自分が子どもの頃によい園だったから」という思い込みを捨てて、その園の今の保育をシビアに見てほしいのです。

3 幼稚園も保育園も教育内容は同じ

現在では、幼稚園と保育園の垣根は低くなってきました。それでも、未だに「保育園では教育をしてくれないから不安」などという声を聞くことがあります。

確かに幼稚園、保育園、認定こども園では、在園する子どもの年齢や通う理由が違い、それぞれの管轄の役所も文科省と厚労省、内閣府と複雑に分かれています。指針・要領とその解説も、幼稚園は「幼稚園教育要領」、保育園は「保育所保育指針」、幼保連携型認定こども園は「幼保連携型認定こども園教育・保育要領」と3本立てになっています。

「認定こども園」には、幼保連携型、幼稚園型、保育所型、地方裁量型の4種類があります。「幼保連携型認定こども園教育・保育要領」は、「幼保連携型認定こども園」のほかすべての認定こども園に対応しますが、さらに幼稚園型は「幼稚園教育要領」、保育所型は「保育所保育指針」にも従うことになっています。「地方裁量型」は、三つの要領・指針に基づかなければならないものの、「認可外保育施設」に相当します。その上で都道府県が認めた「認定こども園」という二重構造になっていて大変複雑です（13～14ページ参照）。

ただ、すでに2010年には「幼稚園教育要領」「保育所保育指針」の中の保育の「ねらい」は共通化され、2018年度からは3歳以上の子どもについては「教育」として統一されました。幼稚園、保育園で行う「教育」の差はほとんどありません。そもそも1963年に文部省と厚生省（当時）の両局長名で「保育所の持つ機能のうち、教育に関するものは、幼稚園教育要領に準ずる事が望ましい」という通知が出されています。つまり、もう50年以上も前から、子どもの「教育」については、幼稚園も保育園も同じものを目指してきたのです。

世界的にみれば就学前の子どもに対して行われる保育や教育は、「乳幼児教育」と呼ばれるようになってきています。子どものケアと教育はどちらも重要だという観点から、保育（ケア）と教育とを区別しない「Early childhood education and care（ECEC＝幼年期の教育とケア）」という言葉も使われています。

2018年度から施行された「保育所保育指針」「幼稚園教育要領」「幼保連携型認定こども園教育・保育要領」には、10個の「幼児期の終わりまでに育ってほしい姿」が掲げられました。これは、「保育活動全体を通して資質・能力が育まれている子どもの小学校就学時の具体的な姿」とされ、保育者は常にこの視点を考慮しながら保育を行うことが求められています。

【幼児期の終わりまでに育ってほしい姿】（通称「10の姿」）

（ア）健康な心と体

保育所（幼稚園・こども園も各要領に同様の記載）の生活の中で、充実感をもって自分のやりたいことに向かって心と体を十分に働かせ、見通しをもって行動し、自ら健康で安全な生活をつくり出すようになる。

（イ）自立心

身近な環境に主体的に関わり様々な活動を楽しむ中で、しなければならないことを自覚し、自分の力で行うために考えたり、工夫したりしながら、諦めずにやり遂げることで達成感を味わい、自信をもって行動するようになる。

（ウ）協同性

友達と関わる中で、互いの思いや考えなどを共有し、共通の目的の実現に向けて、考えたり、工夫したり、協力したりし、充実感をもってやり遂げるようになる。

（エ）道徳性・規範意識の芽生え

友達と様々な体験を重ねる中で、してよいことや悪いことが分かり、自分の行動を振り返ったり、友達の気持ちに共感したりし、相手の立場に立って行動するようになる。また、きまりを守る必要性が分かり、自分の気持ちを調整し、友達と折り合いを付けながら、きまりをつくったり、守ったりするようになる。

（オ）社会生活との関わり

家族を大切にしようとする気持ちをもつとともに、地域の身近な人と触れ合う中で、人との様々な関わり方に気付き、相手の気持ちを考えて関わり、自分が役に立つ喜びを感じ、地域に親しみをもつようになる。また、保育所内外の様々な環境に関わる中で、遊びや生活に必要な情報を取り入れ、情報に基づき判断したり、情報を伝え合ったり、活用したりするなど、情報を役立てながら活動するようになるとともに、公共の施設を大切に利用するなどして、社会とのつながりなどを意識するようになる。

（カ）思考力の芽生え

身近な事象に積極的に関わる中で、物の性質や仕組みなどを感じ取ったり、気付いたりし、考えたり、予想したり、工夫したりするなど、多様な関わりを楽しむようになる。また、友達の様々な考えに触れる中で、自分と異なる考えがあることに気付き、自ら判断したり、考え直したりするなど、新しい考えを生み出す喜びを味わいながら、自分の考えをよりよいものにするようになる。

（キ）自然との関わり・生命尊重

自然に触れて感動する体験を通して、自然の変化などを感じ取り、好奇心や探究心をもって考え言葉などで表現しながら、身近な事象への関心が高まるとともに、自然への愛情や畏敬の念をもつようになる。また、身近な動植物に心を動かされる中で、生命の不思議さや尊さに気付き、身近な動植物への接し方を考え、命あるものとしていたわり、大切にする気持ちをもって関わるようになる。

（ク）数量や図形、標識や文字などへの関心・感覚

遊びや生活の中で、数量や図形、標識や文字などに親しむ体験を重ねたり、標識や文字の役割に気付いたりし、自らの必要感に基づきこれらを活用し、興味や関心、感覚をもつようになる。

（ケ）言葉による伝え合い

保育士等や友達と心を通わせる中で、絵本や物語などに親しみながら、豊かな言葉や表現を身に付け、経験したことや考えたことなどを言葉で伝えたり、相手の話を注意して聞いたりし、言葉による伝え合いを楽しむようになる。

（コ）豊かな感性と表現

心を動かす出来事などに触れ感性を働かせる中で、様々な素材の特徴や表現の仕方などに気付き、感じたことや考えたことを自分で表現したり、友達同士で表現する過程を楽しんだりし、表現する喜びを味わい、意欲をもつようになる。

一読して、大人でさえ達成が難しいと感じた方も多いでしょう。しかし、小学校に上がる前までに完全にこれらを体得することが目的ではありません。あくまでも、ここに向かう「芽」

を育んでほしいという同じ目標があるということです。

ちなみに、就学前の子どもの保育や教育は、小学校以上の「義務教育」とは違い、通うかどうかは保護者に一任されていますので、指針・要領についても小学校以上の学習指導要領のような明確な強制力はありません。

一方、「認可」されている保育施設であっても、市区町村が認可する地域型保育（小規模保育所・事業所内保育施設・家庭的保育）や、認可外保育施設（東京都認証保育所、企業主導型事業所内保育所も含む）では、保育指針に「準じる」保育を行えばよいことになっているのは、あまり知られていません。この「準じる」という言葉がクセ者です。本来は保育内容や指導形態が多少は異なっても、「同じ程度のことを、同じ方向性で考えていく」という意味なのですが、中には「従わなくてもいい」ととらえている施設もあり、注意が必要です。

就学前の子どもに対して、これほど様々な施設が存在し、要領・指針が３本立てになっていて、さらに「準じる」という例外も認められている日本のあり方は、世界的にもめずらしく、このままでよいのかどうか疑問です。

こうして見ていくと、幼稚園、保育園といった施設の種類より、その園がどういう園なのか、要領や指針に沿った保育を行っているかどうかが大事だということになります。

4 特色ある保育を行う園をどう考える？

（1）様々な主義・主張に基づく保育

この少子化の時代に、定員に見合う子どもを入園させることは、幼稚園はもちろん、保育園や認定こども園などにとっても経営に関わる大きな課題です。そのため、各園は独自性を出して子どもを集めようとします。

幼児教育は義務教育ではなく、要領・指針にないことをしたからといって罰せられることはありません。そのため、園はそれぞれの理念や主張に基づいて、様々な幼児教育・保育を行っています。「○○式」「○○流」「○○保育」といった創始者の名前がついているような教育法や指導法を取り入れた保育を行っている園、お寺や教会などが設立した学校法人や社会福祉法人が宗教に基づく保育を行っている園、園舎がなく自然の中で保育を行う「森のようちえん」と呼ばれる園、親が主体となって運営している共同保育所、早期教育を取り入れている園など、とにかく様々な園があります。主なものを見ていきましょう。

●シュタイナー教育

オーストリア生まれの哲学者・思想家であったルドルフ・シュタイナーが唱える人智学の実践として始められたものです。一般的に、シュタイナー教育においては「教育の基本は芸術」であるとし、歌や言葉に合わせて体を動かす「オイリュトミー」の活動や、水彩画、織物など、独自の芸術を生活の中に取り入れています。テレビを見ない、自然のものを食べるなど、独特の価値観で行われる保育は、自然派志向の人には人気がありますが、一方で宗教的すぎると批判する人たちもいます。

●モンテッソーリ教育

イタリアで初めて女性医師となったマリア・モンテッソーリ博士によって始められました。独自の教材を使い、「おしごと」と呼ばれる活動を行って日々の生活の中で学ぶスタイルをとっています。分銅を使って重さを量って大きさや数、量の概念を身につけたり、カップからカップへと水を移すような日々の生活の中での動作を覚えたり、木の札を使って文字を覚えたり、日々の教育は静かに穏やかに行われます。モンテッソーリ教育理念の要素を随所に取り入れた保育・教育を行っている園も多くあります。

●宗教系

仏教、キリスト教、そのほかの宗教に基づく園もあります。仏教やキリスト教では各宗派ごとに保育実践の研究も行われています。一般的に入園した親子をその宗教に勧誘することはありませんが、日々その宗教に親しむうちに自然と入信する人もいます。また、自分の家は仏教だけどキリスト教の園に子どもを入れるといったことも普通に行われていますが、家の宗教と園の宗教が違っていてもかまわないかどうかは、入園前に確認したほうがいいでしょう。

●森のようちえん

1950年代に北欧で作られた自然の中で保育する保護者グループの活動が、ドイツなどに拡がったのがルーツ。近年、日本でも増えていて、特に森林環境に恵まれている長野県には全国最多の16団体があり、自然保育の分野では先進的な取り組みをしています。全国にも同じように自然の中での幼児教育を行っているグループがあります。ただ、認可された一般的な幼稚園・保育園とは違って、園舎や園庭が基準から外れることも多く（園舎がないところもあります）、保護者主導の自主保育グループも多いようです。安全対策や保険などが、どのようになっているのかを調べておきましょう。

●早期教育が中心の園

勉強はもちろん、体育や音楽を中心に保育を行う園などもあります。勉強中心の園では、フラッシュカードやドリル、室内の展示などを使って、漢字や英語、数字、計算などを学習することが多いでしょう。体育中心の園では高い跳び箱を跳ばせたり、逆立ち歩行をさせたり、音楽中心の園では絶対音感を身につけさせようとするところもあるようです。子どものことを考えるあまり、「小学校に入ってから遅れないように、早くから勉強させたほうがいい」「早くから訓練したほうが体育や音楽の才能が伸びる」と早期教育にのめり込む保護者も少なくありません。しかし、子どもの発達や気持ちを無視し、無理やり詰め込む「訓練主義」になっていないかどうか、注意する必要があります。

(2)「原理主義」に陥らないことが大切

独自の取り組みや教義に基づいた保育は、あまりにも極端になると、ときにはほかの考え方を排除する「原理主義」に陥ってしまうことがあります。本来、「子どものために」と始められた様々な楽しい遊びが、ただ創始者の理念を追求するという原理主義になり、いつしか「絶対服従」しなければならない「規則」に変わってしまうこともあるかもしれません。

そうなると、通っている子どもたちは、園の理念を「実践させられる」ことになり、つらくなるかもしれません。子どもが苦しむ姿を見れば、保護者も苦しみます。さらに、保育者が「理念」から外れた子どもに対して批判的なまなざしを向けるようになると、もはや子どものための手段であったはずの理念が目的化してしまっていることは明白で、本末転倒でしょう。園は、子どもたちが楽しく通うためにあるもので、そこで行われている理念を追求するために子どもたちが存在しているわけではないのです。

特に心配なのが、前述したような過度な早期教育です。幼稚園や保育園の中には、鼓笛などの楽器の演奏、読み書きや計算などの学習、外国人教師による英語の授業など、いわゆる早期教育を「売り」にしているところも少なくありません。

子ども主体の遊びとしての鼓笛は、上手に取り入れれば、子ども自身の達成感や自信につながりますが、むしろ見る側である保護者の満足、保育者の達成感のほうが大きいのではないかと感じることもあります。ピアニカの演奏はよく園で行われていますが、幼児にとって「息を吹く」動作と「指を動かす」動作を同時にするのは、かなり難しいことです。練習して上手になって、子どもが自信を持つのはとてもよいことですが、その過程で保護者が子どもを叱ったり、脅したり、子どもの人権を無視するようなことがあってはよくありません。

フラッシュカードやドリルを使う「学習」も盛んに取り入れられています。カードを使って四字熟語やことわざを覚えさせたりする園、中には自治体が主導してｉＰａｄなどのガジェットやＤＶＤなどのメディアを使って、文字や言葉を覚えさせているところさえあります。しかし、幼い子どもたちには、まず何よりもバーチャルではない「実体験」が必要なのです。画面の中で知ったこと、見たことは子どもの「経験」にはなりません。自分の目で見て、手で触れて、感じることが本当の「経験」なのです。まずはそこを大切にしていなければ、新しいＩＴメディアを幼児教育に取り入れる意味がありません。また、文字や言葉をいくつ覚えたかを子ども同士で「競争」させたり、実体験を得られる多様な遊びができないほど「学習」に時間を割いたりしてしまっているのはよくありません。

じつは、「幼稚園教育要領」や「保育所保育指針」では、就学前に文字を書いたり、計算をしたり、ましてや楽器を演奏することなどは、一切求められていないのです。そういった「勉強」は、小学校に上がって初めて求められることです。小学１年生では、夏休みまでの１学期をかけて、じっくりとひらがなやカタカナの書き方、数字の書き方、時計の読み方などを教えてくれるので、就学前の段階で焦らなくても大丈夫です。早く覚えても遅く覚えても、小学校１年生のうちに同列になってしまうので、人よりも早く覚えることにはあまり意味がありません。

文字や数字に興味を示す時期は、子どもによって大きく違います。私たちはそれぞれ4人（猪熊）、3人（寺町）の子どもを育ててきましたが、同じ親に育てられたきょうだいでも、年長の後半になって「字を読めるようになりたい」「書けるようになりたい」と言ってくる子もいれば、教えなくても3歳で読み書きができるようになってしまう子もいました。

最近では保育スタッフがネイティブの外国人であることを売りにしている「インターナショナル保育園」も人気ですが、保育者が日本の保育士資格や幼稚園教諭の資格を持っていなければ、子どもの発達や幼児教育、安全について学んでいないかもしれないという懸念があります。また、まだ母語である日本語を獲得していない子どもの場合、家庭では日本語なのに、インターナショナル保育園・幼稚園にいる間だけ英語で話しかけられることから、日本語も英語も両方とも習得しづらくなってしまう場合もあるでしょう。

そのほか、厳しいしつけによって「発達障害を治す」などと称している園もあるようですが、無理に抑圧することは幼児教育の理念と真逆で、子どもの成長にはつながりません。発達障害に関係なく、子どもに対してあってはならないことです。

（3）早期教育より大切なこと

今の保護者世代は早期教育を受けることが当たり前の時代に育ったため、受けていないと不安に思う人も少なくないはずです。しかし、日本、韓国、中国、ベトナム、モンゴルに住む３～５歳児（各４０００人）の読み書き能力や語彙能力などを測定する調査を行った、元お茶の水女子大学教授で発達心理学者の内田伸子氏らによれば、学習系の習い事をしている子と芸術や運動系の習い事をしている子の語彙得点に差はない、という結果を得たそうです（浜野隆、内田伸子「幼児期における読み書き能力の獲得過程とその環境要因の影響に関する国際比較研究」２０１２年）。また、全員が一斉に小学校の先取り勉強をしている園の子どもと、主体的な自由遊びが多い園の子どもの読み書き能力と語彙力を比較した研究では、勉強を教えない園の子どものほうが語彙力は高いという結果が出ました。「子ども中心の保育（自由保育型）だと、自分が興味のあることに集中して遊べるので、その遊びに関する語彙をどんどん増やすことができます。一方で一斉教育型では、細かく決められた時間割をこなさなければならないので、ひとつのことに対する興味・関心が育たず、語彙獲得の機会も少なくなってしまうからでしょう」と、内田氏は推測しています（『AERA with Baby』２０１５年４月号より）。

運動遊びについても、同じことがいえます。東京学芸大学名誉教授の杉原隆氏らによる、子どもの運動能力に関する大規模調査によると、運動指導を行っている幼稚園と運動指導を行っていない幼稚園を比較したところ、後者の子どもたちのほうが運動能力は高く、また運動指導を行う回数が多ければ多いほど運動能力が低くなっている、という結果が出ています（下図）。

また、同調査では子どもたち同士で遊びの内容を決めていることが多い園のほうが、少ない園よりも運動能力が格段によいという結果も出ています（杉原隆ほか「幼児の運動能力と運動指導ならびに性格との関係」、『体育の科学』60（5）p341―347、2010）。つまり、大人が特定の運動をさせるよりも、子どもたちが主体となって好きな運動遊びをするほうが運動能力は高まるということです。

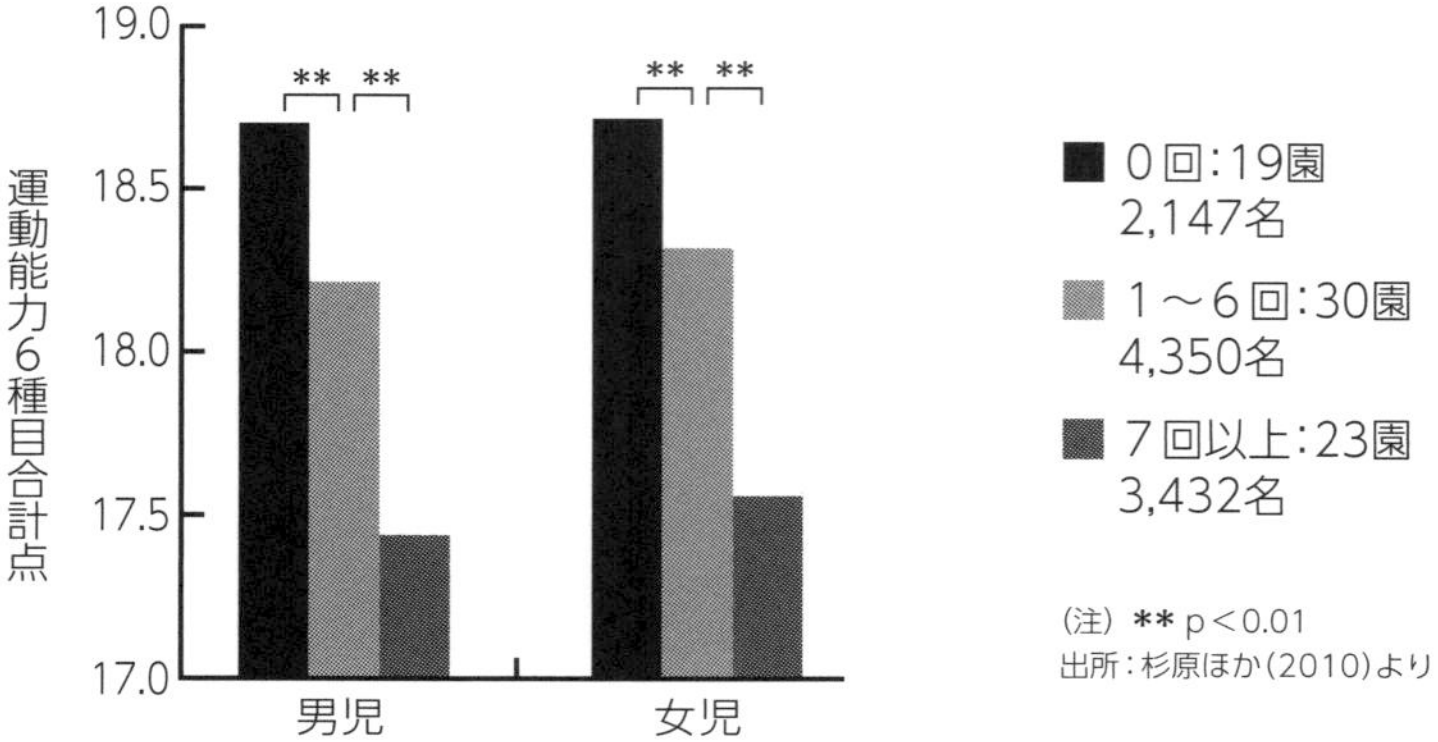

幼稚園での運動指導頻度による運動能力の比較

杉原隆・河邉貴子「幼児期における運動発達と運動遊びの指導」ミネルヴァ書房 2014より

運動指導0回の園（19園214名）の園児がもっとも運動能力が高かった。さらに、1~6回の指導を行っている園（30園4350名）よりも7回以上指導を行っている園（23園3432名）のほうが運動能力が低かった。

内閣府の「特定教育・保育施設等における事故情報データベース」の中には過度な運動をやらせている「ブラック活動園」と名付けたい園が多数出てきます。たとえば年中クラスの満５歳女児が大腿骨を骨折した事故では、「９：30　園庭にて、クラス全員（35名）で、鉄棒・平均台・跳び箱・ハードルの練習。10：00　保育室にて、歌の練習。10：30　再度、クラス全員による、園庭での鉄棒・平均台・跳び箱・ハードルを使用した運動を実施した際に、本児がハードルに足をかけ両手をついて転倒し、左大腿部を骨折」とあります。無理な運動は子どもの運動能力を育てないどころか、重篤なケガにもつながるのです。

本来、周囲の人からの無償の愛の中で、豊かな人間関係を築いていくべき乳幼児期に、特定の学習や運動の義務を課されて「できる」「できない」の厳しい評価にさらされる子どもたちは、傷つき、自尊心が育たず、人を信頼する心を育むことができにくくなります。本当にそれが子どもにとって必要なのかどうか、保護者はきちんと見極めることが必要です。極端な方針のある園は、「子ども主体」という観点からも明らかにおすすめできません。

また、多様性が求められる時代に、自分とは違う存在を認め、受け入れる姿勢を育てていくには、できない子を否定する教育ではなく、違いを前向きに受け入れる柔軟性が必要なのではないでしょうか。「早期教育メニュー」よりも、ずっと大切なことです。

5　子どもにとって本当に必要なこと

（1）一人ひとりを大切にする

では、園生活で子どもにとって本当に必要なことはどんなことなのでしょう？
まず、乳幼児期の子どもにとって、もっとも必要なのは、保育者にありのままを受け入れられ、応答的なかかわりをされることです。「応答」というのは、子どもの気持ちや言葉はもちろん、言葉にならなくても眠そうだとか悲しそうだとかいった様子や、何かをしたいといった気持ちを汲み取り、応えていくということです。応答的なかかわりというのは、保育者ではなく、子どもを主体にするということでもあります。

主体性というと常に前向きな、積極的なイメージがあるかもしれませんが、子どもの何かを「やりたい」という気持ちだけでなく、逆に「やりたくない」という気持ち、ぐずっているときの気持ちなどに対しても、同じように応答的にかかわることが必要です。子どもの言動には必ず理由があるものです。「やりたくない」という気持ちを持ったり、ぐずったりするのは、保育者を困らせようとしているわけではなく、何か理由があるのです。ですから、保育者は子どもがなぜそうするのかを考えたり、気持ちや言葉を聞いたり、気持ちに共感したりして丁寧にかかわっていくことが必要です。その過程をくり返していくうちに、子どもは受け入れられたという気持ちを持ち、自己肯定感を高めていくことができます。

そのような子ども主体の応答的なかかわりを重ねることで、保育者と子どもたちのあいだには安定した信頼関係が育ってきます。「3歳児神話」のところでも述べた、この「愛着」とも呼ばれる信頼関係が、子どもと保育者の中に生まれることで初めて、子どもたちは安心して育っていくことができるのです。

たとえば、保育者がクラスを「まとめる」という言葉がありますが、これはよい言葉ではありません。保育者に必要なのは子どもを「まとめる」ことではなく、「一人ひとりに寄り添う」ことです。それなのに、中には子どもを「まとめる」ことを目指して子どもを従わせようとし、従わない子がいたら「私のことをなめている子」と思って叱りつけたり、指示に従わせるために「○○しないと、もう△△の遊びはさせないよ」「○○しないと××になるよ」などという脅しの言葉をかけたりする保育者もいます。

そういった保育が行われていたら大問題です。大声で子どもを怒鳴りつければ、恐怖心を植えつけることで一時的に従わせることはできるかもしれませんが、子どもと保育者との信頼関係はできません。また、子どもの育ちにもつながりません。先生に否定された子は、ほかの子に「否定してもいい子」だと思われ、いじめのきっかけになることもあります。

実際、「保育所保育指針」の中の「保育の目標」の最初には、以下の（ア）の通りの記述があります。「幼保連携型認定こども園教育・保育要領」にも、同様の記述があります。

（ア）十分に養護の行き届いた環境の下に、くつろいだ雰囲気の中で子どもの様々な欲求を満たし、生命の保持及び情緒の安定を図ること。

これは、特に0～2歳の子どもがいて、3～5歳までの子どもにも長時間の保育を行っている保育園の「養護」の大切さについて記したものです。「養護」とは「ケア」という言葉と同じく、福祉的な考え方から子どもたちのお世話をし、心に寄り添うことですが、実際には「学校」と区分される幼稚園や認定こども園でもまったく同じことが求められると思います。幼稚園では短い時間しかいないから「養護」が必要ないわけではありません。短い時間であっても、長時間保育の子どもたちと同じように、子どもたち一人ひとりが大切にされ、愛され、欲求を満たされ、安心していることができる、そんな場所であることが何よりも大切です。もちろん、子どもたちの安全も配慮されていなければなりません。

それから、もうひとつ大事なことは、保育者が子ども一人ひとりの発達を考慮してくれることです。発達は、子どもによってまったく違います。１歳で歩ける子もいれば、まだハイハイの子もいます。ハイハイをしないで歩いてしまう子もいます。以前の「保育所保育指針」では、子どもの発達について「おおむね○歳」という目安の年齢が記載されていましたが、２０１８年版の改訂でなくなりました。標準に比べて発達が遅いまたは早いということではなく、その子自身が今どのような発達段階にあるのかを知ることが大切です。

幼児教育・保育では、子どもの人権を守り、子どもの立場からものごとを考え、子どもの最善の利益を守ることが求められます。子ども一人ひとりの違い、すなわち「多様性」を受け入れるということです。

（２）幼児期の発達に必要な５つの視点

「養護」のほかに、もうひとつ大切なのが「教育」の視点でしょう。「保育所保育指針」の最初に書かれた「保育の目標」には、前述した（ア）の「養護」についての項目に続き、以下の（イ）～（カ）の５つの目標が挙げられています。これはそれぞれ幼児期の発達に必要なこと――「健康」「人間関係」「環境」「言葉」「表現」の5領域を示したもので、保育者を養成する学校では教科となっています。「幼稚園教育要領」「幼保連携型認定こども園教育・保育要領」においても、この5領域についての記載があります。ひとつずつ見ていきましょう。

（イ）健康、安全など生活に必要な基本的な習慣や態度を養い、心身の健康の基礎を培うこと。

「保育所保育指針」「幼稚園教育要領」共通の項目である5領域のうちのひとつ「健康」について記したものです。子どもたちが健康な生活、安全な生活を送るように配慮され、日々の園生活を送るうちに、自然とそれらを身につけていくことが目標です。子ども自身が意識的に心身の健康を考えられるようになるのは、もっと先の大人になってからのことですが、外に行って帰ってきたら「手を洗おうね」、食事を終えたら「お口をゆすごうね」といった日々の一つひとつの保育者の声かけが、そのもとになっていきます。

（ウ）人との関わりの中で、人に対する愛情と信頼感、そして人権を大切にする心を育てるとともに、自主、自立及び協調の態度を養い、道徳性の芽生えを培うこと。

5領域のひとつ「人間関係」について記したものです。園生活は、子どもにとって初めての

「社会」とのかかわりです。そこには家族以外の人（保育者や友達など）がいて、子どもはそれらの人々とのかかわりから学んでいくことで社会性を身につけていきます。

「人権」は、子ども一人ひとりが尊重されるということ。愛され、安心して人とかかわっていくことができるようになるためには、何よりもお互いが尊重されることが必要です。園では子どもに対してはもちろん、保育者同士もお互いに尊重しあうことが重要です。

余談ですが、ときおり保育者同士の仲が悪くいがみ合っているにもかかわらず、子どもたちには「お友達となかよくしましょう」などと言っているケースもあります。しかし、子どもは敏感ですから、保育者同士の仲が悪いことはちゃんと察知しています。保育者同士の仲の悪い様子を見ている子どもが、「お友達となかよく」できるわけがありません。保育者同士が冷ややかな関係でないかどうか、園長がパワーハラスメントで職員を抑えつけていたりしないかどうかなどは、園の子どもたちの育ちにも大きな影響を与えます。

（エ）生命、自然及び社会の事象についての興味や関心を育て、それらに対する豊かな心情や思考力の芽生えを培うこと。

5領域の中の「環境」について記したものです。子どもが生命、自然、社会の中のことなどに興味を持つためには、そのための環境作りが必要でしょう。たとえば、子どもたちは園生活の中で自然と触れあい、虫や鳥などを見たり、小動物や魚などを飼ったりすることで「命」への思いを育むことができます。ただし、豊かな心情や思考力の芽生えを培うためには、保育者や大人が直接的に「教える」ことより、子ども自身が疑問に思い、興味を持ち、探っていけるスタイルにすることが大切です。それぞれが興味を持ったことから自然や社会へと興味が拡っていくよう、保育者は環境を整え、子どもを受け止め、静かに見守ることが必要なのです。

（オ）生活の中で、言葉への興味や関心を育て、話したり、聞いたり、相手の話を理解しようとするなど、言葉の豊かさを養うこと。

5領域のひとつ「言葉」について記しています。最終的には言葉による伝え合いができるようになることが目標ですが、その前提として子どもは様々な言葉を聞き、知り、そこから相手の話を理解し、思考していくようになっていきます。具体的には、絵本の読み聞かせや紙芝居などから言葉の豊かさは育っていきます。まだ話せない小さな赤ちゃんの中にも、言葉のタネは育っています。小さいときから目と目を合わせていろいろな言葉で話しかけ、子どもたちとの温かな関係を築く中で、言葉を育てていくことが大切です。保育者は、子どもたちの反応や成長に応じて、かかわり方や言葉かけを考えていかなければなりません。

（カ）様々な体験を通して、豊かな感性や表現力を育み、創造性の芽生えを培うこと。

５領域のひとつ「表現」について記しています。子どもたちは何かを見たり、聞いたり、知ったりして刺激を受けたときに、それらの経験から芽生えた気持ちをもとに、何かを作ったり、ときには歌ったり、踊ったりということで表現していきます。たとえば、お友達と一緒に遠足に行って、自然の中で楽しい体験をすることがあるでしょう。そのときの「すごい！」「おもしろい！」といった子どもたちの気持ちが、絵や音楽などの表現の中に現れていきます。みんなで一緒に同じ絵を描くのではなく、本来、子どもたちが描きたいように、好きな道具を使って描いていくことが大切です。

それぞれの幼稚園や保育園ごとに様々な保育が行われているとしても、長期的な視点を持って、子どもたちを守りケアする「養護」と、子どもたちの発達を促し導いていく「教育（５領域）」が基本であり、この両方を一体としてすすめていくことが大切なのは変わりません。少し専門的な話ですが、家庭における子育てにも通じるところがあると思います。

6 時代が求める子どもの「主体性」

（1）主体的で対話的な深い学びを

現在、幼児教育・保育の中で大切にされているのが「子どもの主体的な活動」「子ども主体」などのような「主体」という言葉です。専門家が保育について語るときにも、この「主体」というキーワードが頻繁に使われます。「主体性を育てる保育」「子ども主体の保育」がよいものとされているのです。じつは、２０１８年版で改訂された小学校学習指導要領にも「主体的で、対話的で、深い学び」という言葉が出てきます。

かつては、教室で先生が黒板の前に立って教科書に書いてあることを教え、子どもたちは黙って聞いてノートに取っていく、というような一方通行の教育が当たり前でした。

その後、教員と子どもたちの相互のやりとり、様々な社会とのかかわりを交えながら子どもたちの学びにつなげていく「アクティブラーニング」が取り入れられるようになりました。しかし、「アクティブラーニング」だけでは、どうしても「活動」そのものに終始してしまい、その先の学びにつながらないといった反省があり、さらに「深い学び」という視点を加えることになったのです。

文科省の中央教育審議会では、以下のように定義されています。

「主体的・対話的で深い学び」の実現とは、特定の指導方法のことでも、学校教育における教員の意図性を否定することでもない。人間の生涯にわたって続く「学び」という営みの本質を捉えながら、教員が教えることにしっかりと関わり、子供たちに求められる資質・能力を育むために必要な学びの在り方を絶え間なく考え、授業の工夫・改善を重ねていくことである。

同様のことが「幼稚園教育要領」「保育所保育指針」「幼保連携型認定こども園教育・保育要領」にも盛り込まれ、小学校との連携やスムーズな接続についても考えられています。

こういった主体的な学びが大切にされるようになってきた背景には、教育において特にエビデンスが重視されるようになってきたこと、さらには時代の変化があります。

詰め込み教育ではなく、「生きる力」をつけることを目的に子どもが主体的に考えて学ぶことの大切さは、すでに１９８０年代から言われてきたことでした。そこで、「生活科」「総合的な学習の時間」などの新たな「考える」授業を加えた学習指導要領――いわゆる「ゆとり教育」がスタートしたのは２００２年のことでした。公立学校のすべてで土曜日が休日になり、子どもたちが自ら学ぶ方向に向かわせようとしたものの、実際にはうまくいきませんでした。

ＯＥＣＤによる生徒の学習到達度調査（ＰＩＳＡ）の結果は下がる一方で、「ゆとり教育」は批判され、結局は２００８年に学習指導要領が改訂され、「総合的な学習の時間」が削られて、授業時間が増えたのです。それでＯＥＣＤのＰＩＳＡの点数は上がりましたが、日本型の教え込む教育の復活では根本的な解決にはならないことは明らかでした。

そこで、２０１８年版の改訂で改めて「主体的・対話的で深い学び」ということが位置づけられたということなのです。幼児期から自分で考え、仲間と協力しながら自分で道を切り拓いていく力をつけることが、やがて大人になったときに、誰かに言われたことをやる力ではない、テストでは推し量れない力になっていきます。

今後、ますますＩＣＴ(Information and Communication Technology=情報通信技術)やＡＩ（Artificial Intelligence=人工知能）技術が飛躍的に進歩し、人間に取って換わる時代になるだろうという予測さえあります。超高齢化で人口減少が進むことから、ＩＣＴやＡＩ

技術の助けがなければ社会が成り立たなくなっていくともいえるでしょう。

かつて20世紀には、言われた通りに知識を正確に覚え込んで、それを後で再現することが求められていたため、知識を詰め込むタイプの教育が行われてきました。しかし、今後は様々な労働を機械が代わりにやってくれるようになるでしょう。そんな時代に生きる人間に必要なのは、何かのやり方を覚え、正確に再現していくということよりも、アイデアを生み出したり、機械に何をどうやらせるかを考える力をつけたりすることのほうなのは間違いありません。

また、子どもの主体性を大切にすることは、最近よく言われる「非認知的能力（社会情動的スキル）」を育てることにもつながってきます。

何かから知識を得て思考して解釈や推論などを立てられる「認知的能力」に対し、「非認知的能力」は他者と上手く協力し合い、自らの感情を管理し、長期的目標を達成する能力などで、社会の中で生きていくためにはとても重要なものだと考えられています。

特にこれからの時代にはＩＣＴやＡＩ技術で置き換え可能な単純な「認知的能力」よりも、機械には持てない「非認知的能力」のほうが大切になってくるといわれているのです。そして、この非認知能力は、特に幼児期に育むことが重要とされています。だからこそ、世界中で幼児教育・保育の大切さが言われるようになったのです。

以上のような時代の流れを受け、近年では子どもたちが主体的に選んだ様々な遊びを協同的な学びへとつなげていく「遊び中心の保育」が、多くの幼稚園・保育園で取り入れられるようになりました。様々な目的を持った活動を物語のように展開していくので、「プロジェクト型保育」と呼ばれることもあります。

（2）「遊び」から「学ぶ」こと

ときどき保護者から「幼稚園（保育園）で遊んでばかりいて、大丈夫でしょうか？」という相談を受けることがあります。保護者にしてみたら、「うちの子だけ遅れてしまったらどうしよう」「小学校に入るまでに○○ができる子になってほしい」という思いがあるのでしょう。でも、それは「遊び」ということの本質を理解すれば、きっと変わると思います。

子どもたちに「知識」を詰め込むことが「学び」ではありません。子どもたちが仲間と一緒に自由に楽しく遊び、その中で何かを発見し、仲間と協力して調べたり、探したり、作り上げていくことの中に「学び」があるのです。子どもたちは、毎日の「遊び」の中で様々なことを体験し、自分の体で試し、新しいことを次々と知っていきます。つまり、子どもにとって必要な「学び」はすべて、毎日の「遊び」の中にあるのです。

日本を代表する認知心理学者で田園調布学園大学大学院教授の佐伯胖《ゆたか》先生は、「遊び」について様々な知見をもたらしていますが、著書『「わかり方」の探求』（小学館、2004年）の中で、勉強と遊びについて、以下のような公式を使って説明しています。

「勉強」＝「学び」－「遊び」

佐伯先生は、「人間本来の活動では『遊び』と『学び』が渾然一体となっていたはずのものが、学校教育によって『勉強』が導入されることで、遊びは『勉強』の対立語になってしまった。つまり、『勉強』は『学び』から『遊び』を取り除くことで成立したのである」と説明しています。そして、「このような『学びから遊びを取り除く』ことに至らしめた真の原因は、学校制度の導入とともに生まれた『能力』というものである」というのです。

幼稚園や保育園の子どもたちにとっては、「遊び」こそが大切で、「勉強」は必要ありません。また、小学校入学に備えて机に向かってじっと座っていられるようになることが大切なのではありません。子どもたちが、やがて他人と上手くかかわりながら生きていけるように、社会のルールを守れるようになるためには、まずは遊びや他者とのかかわりの中から豊かな学びを得ていくことこそが重要なのです。

そして、子どもの人生は小学校で終わるわけではありません。小学校入学を目標にした保育や幼児教育では、そこで終わってしまいます。早期に詰め込み教育をしても、あまり意味がないことは先に記しました。そして、今後はますますＡＩ技術などに取って換わられることのない発想力や創造力が必要になりそうです。非認知的能力もより求められる時代になるでしょう。

机に座って、ドリルなどをやらせてばかりの園では、新しい時代に対応できる子どもの「発想力」や「創造力」、「非認知的能力」を育てることはできません。目の前にある問題を一人で解くことはできるようになるかもしれませんが、機械では思いつくことのできないものを考える力、大変でも頑張っていこうとする力、周囲の人と上手く協力して一緒に課題を解決していく力は育ちにくいでしょう。

遊び中心の園では、運動会や発表会を行わなくなっているところもあります。運動会ではなく親子で体を動かして遊ぶ日にする、発表会をするにしても子どもたち自身が先生や保護者に見せたいものをみんなで考えて見せる、というようなものにしている園も増えてきました。かつて保護者世代が子どもだった頃に一世を風靡《ふうび》した「鼓笛隊」を取り入れている園は次第に少なくなってきています。ビシッと隊列を組んで、楽器を演奏する鼓笛隊の様子を見ると、保護者は感動するものですが、一度立ち止まって考えなければなりません。

鼓笛隊の厳しい練習は「誰のためのもの」でしょうか？　もしかして子どもより「親を喜ばせること」が目的なのではないでしょうか？　「親を喜ばせること」を目的とする活動のために、子どもたちは自由を奪われ、涙しているかもしれません。それは「子ども主体」といえるでしょうか？　無理にやらされる活動の中で、練習して成功したとしても、よい成功体験につながるでしょうか？　未来を切り拓く力につながる「非認知的能力」を育てるでしょうか？

そういった問いかけをあらゆる場面でしてほしいと思います。すると、子どもにとって本当に必要なことが見えてきます。子どもにとって必要な「遊び」こそが「学び」なのです。子どもたちが主体的に選んでいく「遊び」こそが、これからの子どもたちを支えてくれるものになることを知ってほしいと思います。

ちなみに、遊びを中心とした保育を実践する園では、保育者の声が小さいと感じることがあるでしょう。「元気がない」と感じる保護者もいるかもしれませんが、そういうわけではありません。子どもたちに保育者が指示して、思うようにまとめたり、動かしたりしようとすると、どうしても声は大きくなります。反対に、遊びを中心とした子ども主体の保育をしていれば、子どもを動かす、まとめるといったことを行う必要はありません。子ども主体の保育かどうかは、そういった保育者の態度や姿勢からも感じ取ることができるのではないでしょうか。

7 遊びを中心とした保育とは？

（1）自由遊びと自然遊び

遊び中心の保育は、ときに「自由遊び」「自由保育」などという言葉でくくられることもありますが、本当の「自由遊び」「自由保育」を行うためには、保育者の力が必要です。子どもたちが自分で「やりたい！」と思う遊びを選んで行うためには、あらかじめ保育者が「ねらい」を定め、さらに自由に遊べる環境（道具や材料、場所）を整えておかなければなりません。

たとえば、子どもたちが何か心に残るものを見たり、聞いたりして、それを絵や工作として表現したいと思うことがあるでしょう。そこで、子どもたちがお絵かきをしたいと思ったら、子どもたちが本当に思ったこと、感じたことをありのままに描けることを「ねらい」として、お絵かきに必要な紙やペン、絵の具や筆などの画材や道具を自由に取り出しやすいように分類して置いておくような工夫をし、自由に描くための場所も用意しておかなければなりません。じつは「自由保育」のための設定には細かい配慮が必要で、とても難しいものなのです。

それよりも「さあ、みんなでお絵かきをしましょう」という「一斉保育」のほうが保育者にとってはラクです。特に一度に大勢の子どもを見なければならないようなときには、子どもが何をやりたいかに関係なく、保育者に従わせる保育のほうがやりやすいのは間違いありません。

特に保育園では保育時間が長いことから、生活のメリハリも必要ですから、もちろん子どもたちが一斉に行う活動のすべてが悪いわけではありません。その中で、保育者が絶えず気にかけなければならないのは、子どもたち一人ひとりが大切にされているかどうかです。

また、表向きは「自由保育」と言っていても、本当の意味での「自由遊び（子どものために、保育者がきちんとした設定をしたうえで自由に遊ばせている）」をきちんと理解せず、ただの「放任」や「放置」になっている園もあります。

「自由遊び」と「ただの放任」は、まったく違うものです。幼児教育者で、十文字幼稚園の園長でもあった堀合文子先生は「放任」と「のびのび」について次のように言っています。

「のびのびしすぎてこの一線を越せば、放任になる　これより前に言えば、阻止したことになる　この線——ここまでの、この世界というものが大事」（内田伸子編著『まごころの保育』小学館　１９９８より）

自由保育の園に子どもを通わせたいと思ったら、実際に保育の様子を見学したほうがいいでしょう。「放任」の保育では、子どもたちは自由に遊ぶための道具や画材、遊具を満足に与えられておらず、保育のねらいも設定されずに放置されているだけなので、数少ない遊具を奪い合ったり、危険な遊びをしようとしたりしてしまいがちです。

一方、豊かな遊びの場面が設定された「自由保育」をしている園では、子どもたちは満足した表情で、ゆったりと時間を使って遊びに熱中しているはずです。豊かな自由保育を行うために、保育者たちは「ねらい」を定め、準備に相当な努力を払っています。そこで繰り広げられる自由な遊びの中には指針・要領に記された「幼児期の終わりまでに育ってほしい姿」（「10の姿」、27ページ参照）が見事に散りばめられているはずです。

特に、子どもたちの遊びにおいて特に重視されているのは「自然」とのかかわりでしょう。子どもは自然を含め、子どもを取り巻くあらゆる「環境」に触れ、そこから学びを得ることで育っていきます。そして「環境」のもっとも大きな要素が「自然」です。「保育所保育指針」や「幼稚園教育要領」にも「環境」、そして「自然」との触れあいの大切さについて記されています。幼稚園や保育園の時期に大切なのは「自然」とかかわって遊ぶことなのです。

日立製作所役員待遇フェローで脳科学者の小泉英明先生は、メディアなど人工的なものでなく「自然」の中で遊ぶことが大切な理由を、かつて取材をしたときに教えてくださいました。それは「自然の中にはメディアには再現できない情報があふれている」からです（『AERA with Baby スペシャル 保存版 知育編 2009』）。

たとえば、「色」のことを考えてみましょう。「みどり」という色は絵の具や色鉛筆では「みどり」「きみどり」「ふかみどり」の3つくらいしかありませんが、自然の中には、すべての色があります。名前がついていないたくさんの色が、そこここにあふれています。「みどり」と「きみどり」にちょっとだけ「あお」を足したような色、「ふかみどり」よりも濃い色。それらすべての色を見ることで、子どもの「色」に対する感性やキャッチする力は磨かれていきますが、それらの色は「自然」の中にしか存在しません。色だけではありません。匂いや光の強さ、形や手触りといったすべての要素が「自然」の中に存在しています。だからこそ、子どもの時期にはメディアを通してではなく本物の自然のものに触れる実体験こそが大事なのです、と小泉先生はお話ししてくださいました。

自然遊びには、特に決まりはありません。葉っぱや木の実を拾って何かの形に見立てて絵や作品を作ることも自然遊びのひとつでしょうし、花びらを潰して色水遊びをしたり、レンコンやピーマンなどの野菜を切って型押しをしたりすることも自然遊びです。笹舟を作る、オシロイバナの実をつぶして白い粉を集める、オオバコの茎を互いにひっかけて2人で引っ張り合うなど、何をとっても自然遊びです。そういった自然を「道具」にする遊びだけでなく、存分に自然の色を見たり、空気を吸ったりすることも子どもの心を育てる遊びのひとつ。そして、そういった自然との様々なかかわりあいを考えて環境を整えるのが、保育者の仕事なのです。

(2) 遊びの中にこんな輝きが!

では、「遊び中心の保育」とはどのような保育なのでしょうか? 具体的な保育の様子をみてみましょう。

① 石を拾う遊び

A保育園の2歳児クラスでは、「石」が大流行していました。子どもたちは毎日、牛乳パックで作った自分専用の小さなバッグを斜めがけにして散歩に行き、自分が気に入った石を見つけては拾って帰ってきます。牛乳パックのバッグに大きな石をぎゅうぎゅう詰めにして持ち帰る子もいれば、泥まじりの濡れた石を面白がって拾ってくる子もいます。丸い石だけ、尖った石だけ、あるいは色のついた石だけを集めてくる子もいます。保育室には、それらの石が置かれ、子どもたちがつぶやいた言葉が付箋に書かれて貼ってあったりもします。四角い石、丸い石、色がついた石。子どもの視線で拾った石には子ども一人ひとりの思いがあふれていて、とてもユニークなものでした。

いろいろな石が並ぶ中に、アサガオの実とタネが置かれていました。アサガオの実とそこからこぼれ落ちたいくつかのタネの横には「いしがでてきた！」と書かれた付箋が貼られていました。そのアサガオの実を拾った子は、なんだろうと思って手にしたアサガオの実から黒いタネが出てくるのを見て、自分たちが夢中になっている「石」だと思ったのでしょう。

そのとき、その子はどんな表情だったでしょう。想像してみてください。きっと黒いタネが出てくる様子を見て、目を丸くして驚き、興奮していたのではないかと思います。そして思わず、「いしがでてきた！」と驚きを口にしたのでしょう。そして、その「いしがでてきた！」というつぶやきをきちんと聞き取って付箋に書き、子どもの今日の「学び」として展示して、保護者にこの日の成長を伝えようとした保育者のことも想像してみてください。

アサガオのタネをみて「いしがでてきた！」という子に対して、「違うよ。それはアサガオのタネだよ」と教えてしまったら、子どもの驚きは否定され、そこで興味は止まってしまいます。

しかし、保育者はその子の驚きを込めた小さなつぶやきをしっかり聞き取り、「すごいね、よく見つけたね」とそのまま受け取って、書き留めました。その子はきっと、次はどんなところから「いし」が出てくるだろうとワクワクしながら翌日のお散歩に出かけたでしょう。

そのうち「いしが出てくるのはいつも草の実だ。あれ？　これは本当に石なのかな？」という疑問を持つかもしれません。もしかすると、同じ保育園の3～5歳の子どもが寄ってきて、「それは石じゃないよ。タネっていうんだよ」と教えるかもしれません。しかし、大人が答えを教えるのと、子どもが伝えるのとでは意味が違います。子どもはきっと大きなお兄ちゃん、お姉ちゃんの言葉の意味を知りたくて、彼らに「それは何？」と聞いてみたり、「タネってなんだろう？　なぜこれは石じゃないんだろう」と不思議への気持ちをつなげたりしていくのではないでしょうか。そして絵本や図鑑を見たり、友達とのかかわり合いの中で「タネ」について理解していくに違いありません。これが幼児教育の中の「学び」です。保育者が簡単に答えを教えてしまったら、それは「学び」にはなりません。

② 小麦粉粘土遊び

Ｂ保育園の公開保育（研究者や他園の保育者に保育を公開し、後でよい点や課題点について検討しあう研究会）で、２歳児が小麦粉粘土を使って遊んでいました。室内に脚をたたんで低くしたテーブルを置き、まわりに各5、6人ずつの子どもが座り、保育者があらかじめ用意した小麦粉をボールに入れて持ってきました。そこに水を加え、グループごとに食紅で黄色、緑、ピンク、青などの色をつけて丸めていきます。粘土のようにまとまったら、子どもたちに分けます。子どもたちは思い思いに粘土をちぎり、自分の好きな形に丸めていきました。さらに小さな木の実を粘土の上に置いて飾る、という遊びです。

子どもたちは熱中して自分の手元を見つめて、小麦粉粘土を丸めるのに必死になっています。周囲の友達がどのようなものを作っているかをチラリと見ながら、形を作り、好きな木の実を選んでその上に乗せていきました。木の実を粘土の上に乗せるのは2歳児にとっては難しい作業です。ただ乗せただけでは転がって落ちてしまうし、深く埋め込んでしまうと木の実が見えなくなってしまいます。ちょうどいいところで木の実を止めるために、子どもは何度も試行錯誤を重ねます。子どもたちが指を使って木の実を自分の好きな位置に埋め込む、その指の角度が「学び」そのものでした。

しばらくすると、保育者が「あっ、○ちゃんがいるお隣のテーブルの粘土は、黄色じゃなくてピンクだね」「○ちゃんのテーブルの粘土は青だね」と粘土の色を「言葉」で説明しながら、遊びをほかのグループに拡げていきます。保育者たちは色を示す「言葉」を意識していたようです。すると、子どもたちは目を輝かせながら、違う色の粘土をお互いに交換し始めました。「その色の粘土、ちょうだい」と言いながら、違う色の粘土をくっつけて形を作ったり、混ぜて別の色を作り出したり、マーブルカラーを楽しんだりしていました。

子どもの遊びは、自分から友達へと拡がっていきます。さらに子どもたちは、その楽しさを保護者に、たとえつたない言葉であっても伝えるでしょう。子どもの遊びは、自分から友達へ、それから家族へと拡がっていくのです。2歳児にとっては、粘土の色を表す言葉も、友達と交換して混ぜると色が変わることも、木の実を粘土に乗せるのも、すべてが「学び」です。

飾る木の実の中にはピーナッツなどもあり、2歳児には本当なら少し危ない要素もありましたが、子どもたちは熱中して遊びに興じていたので、誰ひとりとしてピーナッツを口や鼻に入れたりすることはありませんでした。注意深く見守ることは大切ですが、保育者が練り上げた面白い遊びをしている最中は、子どもたちは余計なことをせず、安全なのです。

③ 身近なものでの工作遊び

自由な保育を行っている幼稚園や保育園は、身近なものを遊びに使うのがとても上手です。C幼稚園では、1年を通して自由に工作ができるように、空き箱やプリンや卵などのケース、トイレットペーパーやラップの芯、色紙、画用紙、段ボールなどが取り出せるようにしてあり、みんな3歳児のうちから箱を重ねたりして、様々な工作をしています。

3歳児が作った「かめら」を見せてもらいましたが、お菓子の空き箱に短く切ったラップかトイレットペーパーの筒を貼り合わせたもの。3歳児は空き箱に商品名などが書かれていても気にせずに遊んでいて、工作したものによる見立て遊びに近いような感じでした。

4歳になると、より本物らしい工作をしたくなってきて、空き箱の商品名を隠そうと、色紙を貼るなどの工夫が出てきます。5歳になると木工を始めますが、そのために4歳のときから道具を安全に使う方法を少しずつ遊びの中で覚えていきます。保育者は子どもの近くで危険がないように気を配り、子どもが困ったときに少しだけアドバイスをしますが、「○○しなさい」「これをしましょう」といった言葉かけはしません。あくまでも子どもたちが主体的に、自分が作りたいものを作っていくのがベストだと考えているからです。

④ 調べることから始める園外遊び

D保育園は、都会の大きな駅のすぐそばにあります。園庭はありませんが、園のすぐ裏には大きな公園があり、そこを園庭のように使って遊んでいます。

ある年、年長組の子どもたちは公園の小川で「魚釣りをしたい」と言いだしました。そこで、まず魚にはどんな種類があり、どこに行けば魚を捕れるのか、小川でどんな魚が釣れるのかを調べてみようということになり、子どもたちは図鑑などで調べ始めました。その様子や結果を、みんなで模造紙に書いていきます。まるで小学校の調べもの授業や自由研究のようです。もちろん文字が書けない子もいるので、最初は保育者が書いていきますが、そのうち書けない子も書けるようになってきます。

子どもたちが調べた結果、釣りたい魚は海にいることがわかりました。そこで、今度は園から電車で行ける海を調べて、みんなで出かけてみることにしたのです。

こうしてD保育園では毎年、年長組の子たちが電車で海へ行き、魚を見たり、浅瀬で泳いだりして、それを発表するという保育をするようになりました。もちろん、子どもによって毎年少しずつ興味は変わってくるので、毎年同じ保育をしているわけではありません。

子どもたちを外に、ましてや海につれていくことには危険がともないます。そこで、万全を期すために、保育者たちは現地の事前調査を何度も行い、大潮の日のもっとも海水が少なくなる時間にあわせて行うことにし、サポートの保護者や大学生のボランティアを必ず子どもの人数より多くなるように手配しています。

海で自分たちが調べた魚を見つけようとしたり、魚以外の海の生き物と触れあったり、浅瀬で泳いだりして遊ぶ子どもたちの表情はキラキラ輝き、自信に満ちあふれていました。それは海での遊びが大人に指示されたものではなく、自分たちが選び、気づき、考え、調べてきたものだからです。子どもにとっては難しい課題であっても、ときに大人たちに助けられ、守られている安心感の中で、子どもたちは時間をかけて調べ、海へ行くという念願を果たして、やり遂げた達成感を感じます。それが自信につながり、自己肯定感へとつながっていくのです。

さて、ここでこの章の３にある「幼児期の終わりまでに育ってほしい姿」（10の姿）を見返してみてください（27ページ参照）。これらの４つの遊びの中には、あちこちに「10の姿」のかけらが見えてきませんか？　たとえば、①の石を拾う遊びの中には、（キ）の自然との関わり、（カ）の思考力の芽生え、（ケ）の言葉による伝え合いがあります。

「10の姿」は「できる」「できない」を評価する安直な指標ではなく、遊びを通して子どもたちが何かその中のエッセンスを習得していけたらいいなぁと願う、遠くにある「目標」ともいえるでしょう。すでに、子どもの主体性を大切にする遊び中心の保育を行っている園では、これらの「10の姿」はおのずと子どもたちの中に現れてきているはずです。

8 記録の大切さ

～遊びの中に含まれる学びの要素を伝える

園での遊びは、保育者によって様々な形で記録されます。

最近、保育士の不足や過重労働の問題から、「保育の記録が負担になるから、なるべく軽減しよう」といった発言を、あろうことか保育者から聞くことがありますが、これははっきり言って専門性に欠けた発言でしょう。子どもたちの思いや成長を上手くキャッチして、記録に残すことは、保育者にとってもっとも大切な仕事のひとつだからです。

記録には、まず子どもの成長や発達を保護者に伝えるという目的があります。

たとえば、前項の①のアサガオのタネに添えられた「いしがでてきた！」と書かれた付箋も、そういった大切な記録です（62ページ参照）。子どもたちの小さなつぶやきや、ちょっとした表情や態度の中には、子どもの思いや成長が現れていることが多いからです。その小さな付箋に書かれたメモをもとに、保育者はさらに記録を作ります。そうやって保育者が作る様々な記録を通して、保護者は子どもたちの成長を知り、学びの姿を理解することができます。

②の小麦粉粘土の遊び（64ページ参照）では、まずは小麦粉粘土遊びというのがどんなものなのか、それを紹介して保護者に伝えるような記録が作られていました。遊びの中で、子どもたちがどのような手の動きをするのか、手のひら、指、などに注目した写真を組み合わせて、粘土遊びを通して子どもたちの手や指の動きがどういう発達につながっていくのかがわかるように説明していました。

記録には保育者の「視点」が現れます。子どもたちがかかわりあって遊んでいる中で、どこを見ていたのか、それを何につなげようとしているのか、その「視点」が保育のあり方につながります。

たとえば、お友達との遊びに加わらずにただじっと見ている子がいたら、その子の視線の先にあるものや、どういう気持ちなのかを考えて「遊びに加わっていない」様子を記録にとることができるでしょう。そうすれば、保育者はその子がまわりの友達とのどういったかかわりで遊びに参加するようになるか、ならないのかがわかります。さらに保育者がその子を支援するために、どのような言葉をいつかけるかというタイミングについても検討していくことができるようになります。

このように、記録は保育者自身が子どもの学びの姿を記し続けることで、その成長と発達を理解するためのものでもあります。ときに保育者たちはカメラのほかにも、ICレコーダーやビデオを用いて子どもたちの様子を記録します。さらに、それらの記録をもとに保育者たちは保育の「振り返り」を行います。それぞれの子どもに、どういうタイミングで、どういう言葉かけをすればよかったのか、次にどのような配慮が必要かといったことについて細かく話し合い、新たな保育を作り出していくのです。普段から丁寧な記録を取っておくことで、子ども一人ひとりの様子を小学校に引き継ぐために作る「要録」という書類を作る際にも役立つでしょう。

子どもたちの遊びを中心とする保育では、特に記録が大切です。子どもの姿を写した写真を使って「ドキュメンテーション」という形に編集して残している園もあります。

「ドキュメンテーション」は、保育の中での子どもの成長記録です。第二次世界大戦への反省から社会運動の一環として子どもたちを主体とする保育を始めた歴史を持ち、現在までプロジェクト型の独自の保育を実践しているイタリアのレッジョ・エミリア市で行われている、保育のプロセスを可視化するための記録方法がもっとも有名です。それを原型に、日本でも「ドキュメンテーション」を取り入れる園が増えてきています。

子どもたちの遊びのプロセスを写真や言葉で記録しまとめることで、遊びのねらいや目標、また子どもたちの関心に沿っているかなどを客観的に確認できます。また、保育者と保護者がこれらを共有することで、遊び一つひとつにも「ねらい」や「目標」があることが理解しやすくなり、お互いに子どもへの理解が深まります。0~2歳の子どもの場合、「ポートフォリオ」といって一人ひとりの記録を作っているところが多いですが、3歳以上になると保護者が見られるものはクラス単位でひとつの記録になる場合が多いでしょう。

「ドキュメンテーション」は保育のプロセスに着目した記録方法ですが、それ以外にも子どもの姿をポジティブに見ることから成長記録を綴っていく「ラーニングストーリー」、子どもたちの言葉や行動を文字で綴っていく「エピソード記録」など、様々な記録方法があります。

いずれも、保育はただの遊びではなく、子どもたちがその遊びを通して「学び」を得ていくものであることを確認するうえで大切な記録です。

column 2

変わりゆく幼稚園のこと

幼稚園には「3～5歳」の子どもが通いますが、じつはその年齢設定は保育園とは少し違っています。幼稚園は学校教育法第26条に基づき、「満3歳」の誕生日を迎えた日から入園できることになっています。

つまり、4月1日時点で満3歳になっていなくて、保育園なら「2歳児クラス」に入る子どもが、年度途中に満3歳の誕生日を迎えた時点で幼稚園に入れるというわけです。これはさらに前倒しされ、2018年度からは幼稚園でも3号認定の「2歳児」を預かれるようになります。

満3歳児クラスは、すべての園にあるわけではありません。設けていない園も多く存在します。そこで、保育現場での年齢分けも、園によって違っています。満3歳児を年少クラス（すでに満4歳になっている子もいる1学年上の3歳児クラス）と一緒に保育している園もありますし、「満3歳」「2歳」といった呼び方で別クラスにしている園もあります。どういう年齢分けで保育するかは、その園の裁量です。

ただし、子ども・子育て支援新制度では、「満3歳児クラス」は私学助成で運営されている旧来の幼稚園でのみ認められることになっており、新制度に移行して施設型給付を受けている幼稚園では実施することができません。認定こども園においても、この「満3歳児クラス」は存在せず、保育園の2歳児クラスに相当する3号認定の申請をしなければなりません。つまり、「満3歳児クラス」は、旧来の私学助成を受けて運営される幼稚園だけに残るシステムです。

また、本来、幼稚園に通うことのできない1、2歳の子どもたちが通う課外授業のような形で「プレ幼稚園」を開設している園もあります。これは幼稚園の通常の教育の枠外で自主事業として行われているもので、週に何度か、親子であるいは子どもだけ幼稚園に通うことで、早くから集団保育に慣れる、あるいは子育て支援が受けられるという意味合いもあります。少子化が進む現在でも、入園希望者が集中する人気の幼稚園には抽選や先着順のところもありますが、特にこの「プレ幼稚園」に入園していることを、本番の入園の条件にしている園もあります。

少子化が進む中で、幼稚園が入園希望児を「青田買い」するような形とも取れますが、小さいうちから園に来ることで、親子に園に慣れてもらうというよい面もあると思います。子どもが集団生活から学ぶこともたくさんあります。

そういう意味では、今後は幼稚園でも保育園に入るのと同じような情報収集が必要でしょう。

第2章

保育の質

保育の質の三要素

近年、待機児童解消のため、たくさんの保育施設が一気に作られています。そのための規制緩和が行われることも多い中、「保育の質」という言葉が頻繁に語られるようになりました。

「急激な保育の拡大で、保育の質の低下が懸念される」「保育の質を確保できるのかどうか」——そんな言葉をニュースなどで聞いたことがある人も多いのではないかと思います。

では、「保育の質」とは何を指しているのでしょうか？

何をもって「質」というのでしょうか？

「保育の質」の3つの要素

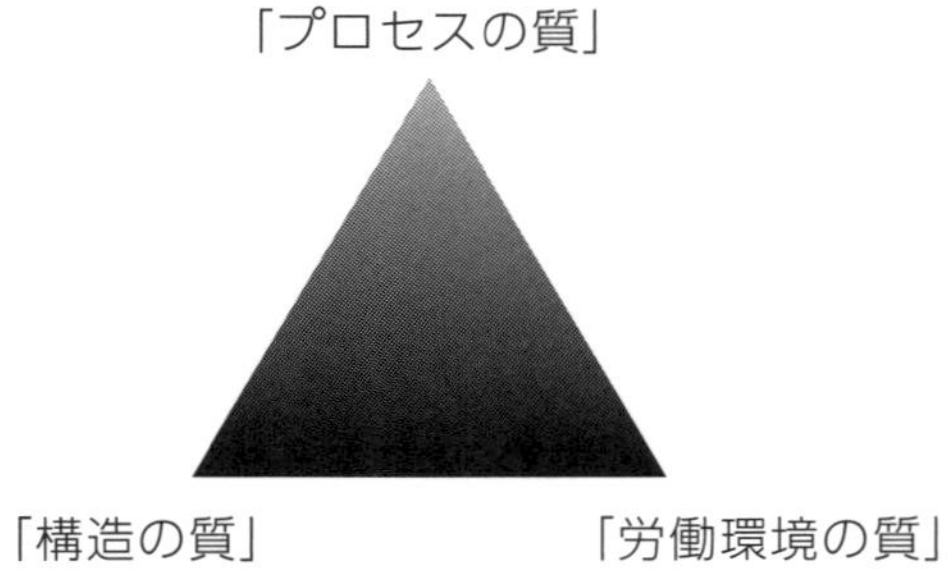

※3つの条件がバランスよく高くなることが必要。保育そのものである「プロセスの質」を高めるには、「構造の質」と「労働環境の質」を高める必要がある。
※この3つのバランスが崩れると、事故の危険性が増す。

出典：『発達』146号 P.30より

様々な定義がありますが、もっとも古く現在まで使われているのは、１９９５年にアメリカ・コロラド大学のハウズとヘルバーンが発表した「プロセスの質」「構造（条件）の質」「労働環境の質」という3つの要素が「保育の質」を支えるとする定義です。

〈プロセスの質（Process Quality）〉

①　子どもと保育者の相互作用
（特に保育者の感受性、やさしさ、愛情、子どもへの積極的かかわり）
②　保育者の子どもへの態度
③　学習活動の取入れ
④　保育環境の健康、安全面
⑤　施設、設備、素材など環境の適切性

〈構造の質（条件の質）Structural Quality〉

①　グループの子ども人数
②　大人と子どもの比率

③ 保育者の保育経験
④ 保育者の学歴
⑤ 保育に関する専門的訓練・研修

〈労働環境の質（Adult Work Environmental Quality）〉

① 保育者の賃金と福利厚生
② 保育者の1年間の退職率
③ 保育者の仕事への満足度
④ 保育者の運営参加
⑤ 仕事上のストレスの意識度

（大宮勇雄『保育の質を高める』ひとなる書房　2006より）

「プロセスの質」とは、まさに保育そのものを表す質のことです。日々の保育の中で、保育者が子どもたちの行動に対して共感し、応答的にかかわっているかといったことが最も重要です。さらには保育を行う環境の整備です。

「構造（条件）の質」とは、主に制度に依拠するもので、現場の保育者や保護者が何か直接手を加えることがしにくいものです。

「労働環境の質」とは、保育者が働く環境のことです。給与や退職率、満足度がダイレクトに保育の質にかかわるということです。

現在では質の研究は進み、さらに細分化された質の定義も多くあります。たとえば「政府や自治体が示す方向性」をあらわす「志向性の質」。「現在の、そして未来の子どもの幸せ（Well－being）につながる成果」をあらわす「子どもの成果の質あるいはパフォーマンスの基準」などです。

さらに、そういった「質」についてもっと詳しく知る方法も世界中で考えられています。たとえば保育環境や保育者の子どもへのかかわり合い方など、さまざまな観点から項目を作り、それぞれに点数を付けていって「評価」して、「質」を測るような方法も各種編み出されています。それらの「評価」を用いて、保育環境や子どもとのかかわり合い方を点数付けすることで、自園の保育を見直し、質の向上を目指そうという研究活動も多くの園で行われています。

しかし、それらの専門的な質の中身は複雑でややわかりにくいことから、今回は最もシンプルな保育の質の三要素から、子どもにとって本当に必要なことを考えていきたいと思います。

2 プロセスの質 ～環境を通じた保育

日本の幼児教育・保育は「環境を通じて行う」ということをとても大切にしています。たとえば「幼稚園教育要領」には次のように書かれています。

……………………

「幼児期の教育は、生涯にわたる人格形成の基礎を培う重要なものであり、幼稚園教育は、学校教育法に規定する目的及び目標を達成するため、幼児期の特性を踏まえ、環境を通して行うものであることを基本とする。」

……………………

その大切な「環境」とは、どんなもののことを指すのでしょう？　「保育所保育指針」には、以下のように書かれています。

……

「保育の環境には、保育士等や子どもなどの人的環境、施設や遊具などの物的環境、更には自然や社会の事象などがある。保育所は、こうした人、物、場などの環境が相互に関連し合い、子どもの生活が豊かなものとなるよう、次の事項に留意しつつ、計画的に環境を構成し、工夫して保育しなければならない。」

………………

保育者のかかわりや一つひとつの言葉かけ、園舎と室内、園庭や遊具、玩具など、子どもたちを取り囲むすべてのものが「環境」なのです。つまり、幼児教育・保育における「環境」とは、子どもにかかわる保育者という「人」を含めた、子どもを取り囲むすべてを指します。

保育者は常に、環境のひとつである自分自身のあり方や子どもへのかかわり方を含め、園の環境を整えて、子どもにとって最善のものを作り上げていかなければなりません。それには常に子どもに寄り添い、子どもの気持ちを汲むことが必要です。

子どもたちが面白いなと思っているものに気づいたら、それに新たな興味を加えるものを置いたり、違った種類のものを置いたり、子どもたちが調べられる絵本を揃えたりしてあげましょう。たとえば、文字に興味を持ち始めた子どもたちに、かるた遊びや絵本を見せていれば、ドリルで練習させなくても、あっという間に文字を覚えるでしょう。

園舎などの環境というと、建物が新しくて豪華、室内や園庭が広い、高価な遊具や玩具がある、絵本の冊数が多い、というようなことをチェックしがちです。しかし、大きな遊具があっても、子どもが落ちる危険が放置されていては何にもなりません。高価なヨーロッパ製の玩具が揃えてあっても、子どもが自由に遊べなければ意味がありません。ある園では、色とりどりの木製の高級玩具が揃えてありましたが、すべて保育室から離れたガラスの飾り棚の中にしまわれていて、子どもが使ったような形跡はありませんでした。

たとえ多少は古くても、きちんと手入れされていて実際に遊ぶことのできる玩具、少し修繕した跡があっても自由に読むことのできる絵本、今の安全基準に合うように改良された古い遊具のほうがずっといいでしょう。保育者は、子どもたちの毎日の遊びが面白くなるよう、常に安全に遊べるように環境を整えながら、環境の確認と修復を行わなければなりません。子どもが遊びやすくするために、整理整頓も重要です。

子どもたちが遊び込んでいると備品は自然に使い込まれていくものです。使い込まれていても清潔であればよいのです。子どもが工作をするための箱などの材料が部屋に置かれていると雑然として見えますが、でも、それは心地よい雑然さで、子どもたちがその中でのびのびと自由に遊ぶことができていました。子どもがいるのにまったく使った感じがなく、ピカピカのままの園は、むしろ子どもたちが自由に遊べていないのかもしれません。

3 構造の質
～保育を支える制度や基準

幼稚園でも2歳児保育が始まることについて、ある幼稚園の先生と話していたときのことです。その先生が「幼稚園では、2歳児だったら1人の先生が15人くらいまで一度にみられます」と言いました。

私（猪熊）は驚いて、「15人ですか？　保育園の基準では2歳児は1人の先生が保育できるのは6人までですよ」と聞き返しましたが、「保育園の基準は、もちろん知っています。でも、幼稚園なら2歳児なら15人くらいみられる技術があるのです」とお話しになりました。

「みる」というのはどういうことでしょう？　「ただ見ているだけ」ということでしょうか？　もしかすると、2歳児を椅子に座らせて、じっと動かないようにしていることを強要するのでしょうか。それなら確かに15人の2歳児を、その場にいさせて「みる」ことはできるのかもしれません。でも、それは「保育」でしょうか？　「ただ見ているだけ」もしくは「厳しく叱って椅子に縛りつけておく」というやり方だとしたら、それは「保育」ではありません。

2歳児は自我が発達して、何でも自分でやりたいと思う年齢です。何でもチャレンジしてみようとする2歳児らしい姿や気持ちに寄り添うことなく、大人の都合でその場に座らせておこうとするのは、「保育」と言えないだけでなく、ある意味、虐待に近いと思います。

子ども主体の遊びを中心とするよい保育を行うためには、保育者が余裕を持って保育にあたることが必要です。ニュージーランドの2歳以下の子どもの保育の質に関する論文調査研究(〝Quality early childhood education for under-two-year-olds：What should it look like? A literature review〟)には、各国の質研究がまとめられていますが、それによれば「保育の質の向上のために何かひとつだけ選ぶとしたら、配置基準を選ぶのが理想的」という報告がアメリカの国立子どもの発達と健康研究所(Eunice Kennedy Shriver National Institute of Child Health and Human Development = NICHD)から出ているそうです。保育者の配置基準は、保育の質を確保するために絶対に譲れない条件なのです。

日本の保育園での保育士の配置基準は、保育士1人につき0歳児3人、1歳児6人、2歳児6人、3歳児20人(15人の場合はインセンティブの補助金がつく)、4・5歳児30人。これはギリギリの配置人数なので、実際には担任を持たない保育士や資格のない補助員が入ることもあります。発達障害を含む障害のある子どもが在籍している場合には、職員が加配されます。

たとえば、０歳児から５歳児まで各年齢３人ずつ18人の子どもがいる施設では、０歳：３人に保育者１人、１、２歳６人に保育者１人、３歳３人に０・15人、４、５歳６人に０・２人、合計２・35人の保育者がいれば法律に沿っています。実際には０・35人などという人間はいませんから、３人配置してほしいところですが、配置基準には「おおむね」という枕詞がついていますので、２人配置だったとしても直ちに違法とは言い切れません。

認可外保育施設では、「認可外保育施設指導監督基準」の「年齢別の保育者配置基準」で、調理や午睡用の布団敷きなどもすべてまかなっていることや、各年齢の配置基準を通算していることから、基準を満たしていても人手が圧倒的に足りないということがままあります。

このように年齢別クラスで保育士を配置するのではなく、全年齢の子どもの人数と必要保育士数を小数点で算出して合算する方法では、基準は満たしていて法律的には問題はないかもしれませんが、安全確保にはもちろん、教育という意味でも不十分であることは疑いようがありません。実際、これでは足りないということで、多くの自治体では独自に補助金を出し、この国の最低基準よりも高い配置基準を実現しています。

たとえば、東京都特別区の世田谷区や杉並区などは１歳児を５対１、長野県、さいたま市、横浜市では１歳児を４対１の基準で、また、新潟市、長野県上田市などでは１歳児を３対１の基準で保育するように補助金を出しています。

幼稚園教諭の配置基準は、保育園の基準よりも低くなっています。教諭1人につき3~5歳児いずれも最大35人までとなっています。これは、じつはOECD諸国の中ではとびぬけて低い最低の水準です。こんなに大勢の子どもたちを一度にみることを基準として許している国はほかにはありません。

たとえば、イギリスでは保育士1人につき0歳児3人は一緒ですが、1歳児も3人、2歳児は4人、3歳児以上は8人という基準になっています。大学院を出て修士の資格を持っている上級の保育士になると、3歳児以上を13人までみられることになっていますが、それでもイギリスの保育士たちは大変だと言っています。

日本とイギリスの配置基準の違い

子どもの年齢	日本の保育士配置人数	イギリスの保育士配置基準
0歳児	3人に保育士1人	3人に保育士1人
1歳児	6人に保育士1人	3人に保育士1人
2歳児	6人に保育士1人	4人に保育士1人
3歳児	20人に保育士1人	8人に保育士1人
4歳児	30人に保育士1人	8人に保育士1人
5歳児	30人に保育士1人	なし

実際、イギリスの保育園を訪問したときに、現地の保育士さんに日本の配置基準を説明したところ「日本の保育者でなくてよかった」「私は日本ではとても保育はできない」と真顔で言われてしまいました。

幼稚園は、保育園よりも保育時間が短く、学級担任制であることから、長らくこの配置基準のままです。特に大変なのは３歳の年少児クラスです。最近は、３歳児で入園してきたときに、おむつが取れていない子も少なくありません。現場の幼稚園教諭に聞くと「夏休みの前までは、おむつの対応ばかりになってしまう」という園も多いようです。その状態の35人を１人の教員がみるのは、あまりにも困難でしょう。そこで、３歳児クラスを複数担任にしたり、１クラスの人数を少なくしたりしている幼稚園もあります。

幼稚園では法律的に「満３歳」（３歳の誕生日）から保育ができますが、同じ「満３歳」は保育所では２歳児クラスで、先生１人に対して子どもの数は６人です。満３歳から預ける場合には特に、保育者の配置数に注意することが必要でしょう。

また、過去には11人の３歳児クラスの子どもを１人の新卒の幼稚園教諭がプールに入れていて、子どもが亡くなってしまった事故もありました（Ｐ１２１参照）。11人の子どもでさえ、プールという危険な場では子どもを適切に保育することができないのです。その園での配置基準がどの程度なのかは、実際に見学に行って質問するなどして確認したほうがよいでしょう。

たまに「幼稚園や保育園の先生たちは、子どもと遊んでいるだけだろう」などと言う人がいます。本当に失礼な発言で、大きな誤解です。幼稚園教諭、保育士の仕事は、子どもと遊んで保育することだけではありません。子どもの発達を見て、ねらいを定め、保育の計画を立て、子どもたちの言葉を含めた行動を記憶・記録し、ときにはカメラやレコーダーを用いて記録を取り、その記録をもとに振り返りを行い、子どもの育ちを確認することは前にも述べました。

さらには、そういった子ども一人ひとりの様子、クラスの様子を保護者への連絡用のノートや園内のボードなどに書き、ドキュメンテーションを作成し、子ども一人ずつの個人票に記載し……といった膨大な仕事をしているのです。記録は子どもの成長発達を知るために欠かせないものですから、割愛できません。さらに、それらをもとに全体の会議をしたり、行事の取り決めをしたり、保護者との面談を行うこともあります。頭も体も使う重労働なのです。

人員配置だけではありません。保育者が一人ひとりの子どもに寄り添う保育を行うためには、保育者の資格の有無や勤続年数、年齢や離職率、最新の知識や技術を磨くなどのために研修を受けることができているかどうかなどもかかわってきます。

２０１６年２月に「保育園落ちた日本死ね!!!」のブログが話題となり、待機児童問題の根本的な解決が問われましたが、実際に行われた政府の緊急対策は規制緩和での対応でした。前述したような独自に配置基準を高めている自治体（世田谷区５対１、さいたま市・横浜市４対１、上田市３対１など）に国基準の６対１に戻すよう、また面積基準についても、０歳児１人あたりに必要な面積を国基準の３・３㎡を上まわる基準で保育を行っている自治体（世田谷区、杉並区は５㎡）に国基準に戻すように指示したのです。この緩和政策の評価が２０１７年３月に行われていますが、実際に国基準に引き下げたという自治体はありませんでした。つまり、基準の切り下げなど不可能だということを現場の人たちはわかっているということです。

しかし、規制緩和の流れは、今も脈々と続いています。規制改革会議では待機児童の多い地域では国基準での運営を行うようにという話し合いが行われています。これは保育の質はもちろん、子どもの命にダイレクトにかかわる問題です。事故が多いからこそ、国基準よりも上の基準で運営できるように、自治体が独自にお金を出しているのです。

現在の基準は第二次世界大戦後の混乱期に「最低の最低」の基準として作られ、国が豊かになったら基準を引き上げていこうといわれていました。しかし面積も人員配置も基準が下がる一方。人員配置の基準や面積基準は、保育者の努力ではどうにもならない要素だということも保護者には知ってほしいことです。

4 プロセス＆構造の質 ～立地や建物、園庭のこと

(1) 立地や建物のこと

園がどういう場所にあるか、どういう建物かは、環境にかかわることから「プロセスの質」と考えられますが、制度にも深く関係していることから「構造の質」であるともいえます。

特に保育園において、立地や建物のことは心配です。中でも首都圏などの都市部では待機児童解消のために多くの園を作らなければならなくなったことから、同じ自治体の同じ「認可」保育園でも、設備や立地、あるいは施設にかなりの格差が生まれつつあります。待機児童解消のためには、どうしても急に多くの保育園を作らなければならなくなり、仕方のない面もありますが、中には子どもによいとは言いがたい環境に建てられた保育園、元倉庫や店舗などの建物を無理に改装した保育園もあります。

たとえば、電車や高速道路のガード下の空地を利用した園もあり、「対策はしてあるから大丈夫」という説明を受けるでしょうが、頭上をひっきりなしに電車や車が行き交う下で子ども

たちが丸1日を過ごすわけですから、騒音や振動、排気ガス、そして日差しが入るかどうかも心配です。園庭があっても、ガード下だったら、子どもたちが遊ぶ場所はいつも日陰になってしまいます。交通量の多い道路に面した園では、トラックなどの車が園に突っ込んでこないかといった心配や排気ガスの心配があります。さらに送り迎えのときや散歩に出かけるときに、子どもがふいに道路に飛び出してしまったり、自転車などが前を横切ったりしてぶつかる心配もあります。実際、ある幹線道路の大きな交差点近くの保育園では、騒音を防ぐために二重窓にしており、確かに騒音は防げていますが、ちょっと蒸し暑い時期にも自由に窓を開けることができず、外の空気に触れることもできませんでした。

中高層階（認可保育園は1階もしくは2階に設置するのがのぞましい、とされています）にある園では、毎日の保育の中でエレベーターを使って下まで降りて散歩へ行くのが一苦労で活動量が減りがちです。免震構造でない限り、地震のときの揺れは地面に近い低い建物よりも激しいでしょうし、火災なども含めた災害時の避難の方法も気になります。何百段もある階段を、小さな子どもたちを大勢連れて降りて避難できるでしょうか。

本来、保育に使う建物には、児童福祉法と建築基準法によって広さや高さ、窓や非常口の設置報告まで厳しい規制がかけられていました。子どもたちの安全を守るために必要な規制です。

しかし、特に都市部ではあまりにも待機児童が多いことから、建物や立地に関する基準についても規制緩和が行われています。規制緩和は、自治体によってはかなり進み、たとえば、東京都では「光」に関する基準が緩和されており、建物の半地下部分にある保育園もできています。

そのほか外階段のない建物は、かつては火災時に避難誘導ができないことから保育園として認められませんでしたが、今では規制緩和で建物の内階段さえあればよいということになっています。本来、ビルの火災時に、内階段には煙突のように、煙が下から上がってきてしまうことがあると予想されたため、外階段は必須項目だったのですが、規制緩和でそういったことも言われなくなってしまいました。特に認可外施設では、認可施設よりも基準の低い建物が使われており、飲食店やパチンコ店などが入っている駅前の雑居ビルの中や、窓がなく、自然光が入らずに一日中蛍光灯の下で過ごさなければならないような施設もあります。

幼稚園は、おおむね保育園よりも施設面では恵まれています。たとえば、保育園では園庭がなくてもその代替になる場所があれば認可されますが、幼稚園では園庭が必須です。幼稚園ではすべて「学級」単位で算定されますが、1学級なら330㎡、2学級 あれば360㎡、3学級あれば 400㎡、4学級以上になるとさらに1学級につき80㎡の庭が必要です。また、教室の面積も、1学級であれば最低180㎡、2学級なら 320㎡、3学級以上ある園では1学級につき100㎡が必要と定められています。幼稚園に準じる施設ではそういった決まりがありません。また、認定こども園では、4つのタイプによって基準も違っています。幼保連携型と幼稚園型は幼稚園同様の基準ですが、保育所型と地方裁量型はビルの中にあっても認定こども園として運営を行っているところもあります。

園の建物や設備には、園の保育に対する理念が反映されていますから、軽視できるものではありません。子どもにとってよりよい空間を、と熟慮された建物のある園は、やはり隅々まで行き届いていることが多いものです。古くても「子どもにとってよりよい空間」を再現している建物であれば、やはり理念が感じられます。耐震面さえ考慮されていれば、古くても問題はないでしょう。

建物の安全面のことからいえば、子どもが入り込んで見えなくなってしまうような「死角」がないことも大切です。2005年、埼玉県上尾市の公立保育所の園舎内の死角に置かれた本棚の中で4歳の男の子が熱中症で亡くなった事故もありました（132ページ参照）。ただ「死角」をすべてなくして、すべて見えるフラットな空間にすればよいというわけでもありません。年中、年長くらいになってくると、子どもによっては、ひとりになりたい時間が出てきたりする子もいます。ですから「死角」の中には、「残すべき死角」と「なくすべき死角」があります。

何を残し、何をなくすのかは、保育者の集団の熟練度や、子どもとのかかわり方、あるいは子どもの特性などによっても、違ってくると考えられます。

（2）園庭のこと

「園庭」も、建物と同じように「プロセスの質」であると同時に、制度上の問題も含む「構造の質」であるといえるでしょう。

保育園と幼稚園とでは、設置基準に大きな違いがあります。幼稚園には必ず「園庭」がなければなりませんが、保育園では「園庭」がなくても、おおむね徒歩5分以内に代わりに使える公園などがあれば、認可されるようになっています。園庭という点では、幼稚園と保育園とでは、施設状況に格段の差がついているのが現状です。また、認定こども園は、4つのタイプによって基準も違っています。幼保連携型と幼稚園型は園庭がなければ認められませんが、保育所型と地方裁量型は園庭がなくても認められるのは前述した通りです。

もちろん、園庭代わりの公園でもあればいいのですが、たとえば、以下のような理由から、どんな施設でも、できれば園庭があったほうがよいと考えられます。

まず、公園は公共の場所ですから誰でも利用でき、常に不審者に遭遇する危険性は否定できません。自治体が清掃や管理を行っていても、危険なゴミが落ちていることも多々あります。また、公園に頻繁に出かければ（散歩でも同じですが）、交通事故などに巻き込まれるリスクが高くなります。そして、たとえ歩いて数分の場所でも、それなりの準備が必要で、移動にも時間がかかりますから、１日に何度も通って自由に遊ぶのは難しいでしょう。最近、特に都会では近隣に園庭のない園がいくつもある場合もあり、数園の保育園の子どもたちで公園が奪い合いになっているという話もよく聞きます。

園庭がない場合、０・１歳は「お散歩カー」などの専用の乗り物に乗せて、近隣をぐるっとまわるだけの園もあるそうです。そのような園に勤務していたある保育者は、いつも子どもたちをお散歩カーに乗せて駅まで行って戻るだけなのに、連絡帳には「子どもたちは駅までお散歩にいって、バスを見て喜んで帰ってきました」というような、本当だけど本当ではない事柄を書かなければならないのがつらかった、と話してくれました。狭い保育室にずっといるよりは、いいのかもしれません。でも、交通量が多く排気ガスで汚れた街中を通って、歩くことなく帰ってくるだけの散歩にどれほどの意味があるのかはよくわかりません。

反対に園庭があれば、次のようなメリットがあるでしょう。まず、戸を開ければすぐ目の前に園庭があるわけですから、何度でも屋外で遊ぶことができます。危険なものは落ちていないし、不審者も入りにくいから安心です。子どもの主体性を大切にした自由遊びができる園であれば、砂場で山を作って水を流し入れて、水は高いところから低いところへと流れるというようなことを学びながら、力いっぱい泥遊びをすることができます。泥遊びで汚れて着替えが必要になったら園舎に入って着替えればいいだけなので、思いっ切り遊ぶことができますし、人目を気にする必要もありません。

また、子どもにとっては、同じ庭で遊ぶことで安心感が得られ、日をまたいで継続的に同じ遊びを続けることができるという利点もあります。砂場での泥遊びといっても、たとえば何人もの子どもたちが2日間かけて大きな山を作り、さらに翌日はトンネルを掘って水を流そう、と同じ場所で継続的に遊びを考えていくこともできるのです。

ただ、どんな園庭でもいいというわけではありません。それに園庭があったとしても、自由な外遊びが行われず、あまり園庭に出ない園だったら意味がありません。できたら、樹木や、築山などの高低差があるところで自由に遊ぶ時間があると、子どもは登る・降りるなどという多様な体の使い方が習得できると思います。広くてもグラウンドのように平たい園庭は高低差がなく、ただ子どもたちが走りまわって遊ぶだけになってしまいがちです。ですから、園庭がある場合も、どのような園庭か、どのような工夫があるか、どんな遊びができるか、外遊びは行われているか、子どもたちがどのように遊んでいるかなどをチェックするといいでしょう。

子どもたちは、0歳のときから自然と触れあい、外遊びをすることで、外気浴をして丈夫になっていきます。ある認定こども園で2歳児のお散歩に同行したことがあります。子どもたちは広場で鬼ごっこをしていましたが、全員まったく転ぶことなくバランスよく、すごいスピードで走りまわっていました。いったいどのようなことをすると、こんな風に元気に走りまわれる2歳児になれるのだろうかと驚き、0・1歳児の散歩を見てみると、0歳児のうちから外遊びを欠かさず、近所の公園の階段をハイハイで上り下りし、砂場で砂遊びをしたりしていることがわかりました。つまり、0歳から少しずつ成長・発達して、そんな元気な2歳児になったのであって、いきなり走りまわれる2歳児に育ったわけではありません。

子どもたちが年相応に発達し、ケガなく育つためにも、じつは外遊びはとても重要な要素なのです。もし、園庭がなければ、子どもたちが身体を動かす遊びをどのようにしているか、聞いてみるとよいでしょう。また、外遊びがしにくい冬の時期（特に降雪が多い地域）、熱中症の危険性が高い真夏に、園内でどういった活動をしているのかも聞いてみてください。

近年、待機児童解消のための規制緩和が話題になる際に「園庭はなくてもいい」という発言も聞かれますが、ここまで見てきたように、どの年齢でも園庭はあったほうがいいことは間違いありません。子どもの発達にとってあったほうがいいものを、大人の都合で「なくてもいい」とするのはよいとは思えません。

「園庭はなくてもいい」としてしまうのではなく、園庭はあったほうがいいことを認めて、ないものを何かで補うことが大切でしょう。たとえば、多少のリスクはあっても散歩に出かけたり、公園に遊びに行ったりする回数を増やすことが必要です。また、室内、屋上、廊下などでもいいので、体を動かせる場所を確保し、音楽にあわせて体操やダンスをしたり体を動かせるような遊びをするなどの工夫もいいと思います。

いずれにしても、子どもの体作りは何か特別な運動をすることではなく、毎日の生活の中で行うものです。もし、登園・降園のときにベビーカーや抱っこ紐、自転車を使っているなら、たまには時間をかけて一緒に歩いてみましょう。園までのいつもの道も、時間を気にして急いで歩くのと、子どもと同じ目線で周囲の草花や虫や魚を見て、季節を感じながら歩くのとでは気分も違いますし、それだけでもよい運動になります。

また、休日にはお弁当を持って、子どもと一緒に近所の公園で遊びをして過ごすのも楽しいものです。園だけにすべてを任せるのではなく、毎日の生活の中でも、できる範囲で工夫をしてみてください。

5 労働環境の質 ～保育者の働き方

かつて、保育者の労働環境をよくしようという活動に対して、「私たちは先生たちの待遇のために活動したくない」と言って拒否する保護者もいました。しかし、保育者の労働環境の質は、保育の質の中の重要な一要素なのです。保育者の労働環境がよくなければ、よい保育の実践は行われにくくなります。つまり、保育者の労働環境は、子どもたちが育つ環境の良し悪しに直結しているということです。

近年、「ブラック保育園」という言葉をよく耳にするようになりました。違法な長時間労働があったり、法人の上層部による給与ややりがいの搾取が行われていたりする園が「ブラック保育園」と呼ばれているようですが、保育者自身が子どもにとってよりよいものを追求して、「サービス残業」をしてしまうことも少なくありません。

保育者には、子どもと接して保育を行う以外に、「記録」や「振り返り」といった大切な仕事もあることは前述した通りです。しかし、特に保育園の場合には開所時間が12時間前後の園が多く、仕事時間のほとんどを子どもと接して過ごします。そのため様々な記録や振り返りをするために子どもから離れる時間（ノンコンタクトタイム）がなかなか取れず、必然的に残業せざるを得なくなるのです。一般的な保育終了時間でも夜7時頃ですから、職員全員で会議、研修を行うということになると、どうしても夜7時以降からのスタートになってしまいます。本来、事務や振り返りに必要な時間を2時間確保したうえでの8時間勤務態勢が取れるようにしていく必要があります。しかし、そのために必要なお金は、公定価格（子ども一人あたりに支払われる委託費の金額）には含まれていません。

会議や研修、振り返りといった保育に絶対に必要なものであれば、遅くまで残るのも仕方ない部分もあるでしょう。しかし、まだまだ「本当に必要なの？」と思うこともたくさんあります。たとえば、保育室の壁を飾る「壁面装飾」もそのひとつです。かわいい動物の絵や子どもたちの絵、季節に合わせたテーマの図柄などを色画用紙などで切って作って壁に貼るものですが、それらを作るためだったり、発表会や運動会のプログラムや衣装を作ったりするために、保育者が何日も残業するようなこともまだあります。

しかし、今の新しい時代の保育にはあまりふさわしいとは思えません。室内に保育者が手作りしたキャラクターの絵がたくさん貼ってあるような園よりも、目を引くキャラクターはないけれど、季節を感じさせる簡素な花や木の実、それも子どもたちが散歩に行ったときに見つけて取ってきたもの、あるいは子どもたちが描いた絵や作品を飾っている園のほうが、じつは保育環境についてもよく考えているといえます。本来は子どもと向き合うべき時間を、あまり必要だと感じられないような「手作り品」のために残業するような状況になっていたら、本末転倒ではないでしょうか。

また、もうひとつ重要なのは園長などの「トップ」のあり方です。たとえば園長がパワハラ的なふるまいをして、主任（副園長）以下に高圧的に接するような園では、現場の保育者たちは常に園長の顔色をうかがって、子どもと向き合うよりも、園長の意に沿うことを優先してしまいがちです。すると、万が一事故が起きたときにも、保育者は自ら動いて、事故の被害を最小限に食い止めるために動くことができなくなってしまいます。

逆に園長に悪意はなくても、保育者をあまり信頼せず、特に新卒の保育者などに対して「あなたは私やベテランの職員が言ったことを言った通りにやっていればいい」と言うようなこともあります。その言葉に従って言われたことだけやっている保育者は、自分の頭で考えることを止めてしまいます。そのほうがずっとラクだし、余計なことをしたら怒られるだろうと思うからです。そういう場合も、パワハラがあったときと同じように、保育者は自分で考えることを止めてしまうでしょう。

これは園の「ガバナンス（組織運営）」に関わる大きな問題です。園長が、自園の保育・教育理念を示していることは大切ですが、それがあまりにも突飛なものであったり、危険なものであったりするときには、誰も園長を抑えられなくなってしまいます。組織として、まっとうな動きをすることができなくなってしまうのです。

保育者のあいだの専門用語で「同僚性」という言葉をよく使います。これは保育者同士が、お互いに同じ仕事をする仲間「同僚」として認め合い、互いに保育を語り合いながら保育を進めていくことを指します。この「同僚性」が大切にされていない園では、保育者同士のいざこざが起きたり、同じ気持ちで子どもに向かい合うことができなかったりします。

特に保育園では０～２歳の小さな子どもの食事や睡眠の時間に事故が起きやすいのですが、そういった事故が起きないよう互いに目を配り、心を配り、声かけして連携し、分担して子どもの様子をしっかり見ていくためにも、保育者のこの「同僚性」が大切にされていることが重要なのです。

保育者が同じ方向を向いて、同じような温かな心で子どもに向き合っているかどうかは、まさに「保育の質」そのものにも、子どもの安全にも関わっています。

6 安全を守りながら地域とつながる

現在、学校や福祉施設の安全対策では、施設の中での事故やケガへの対策よりも、外部からの不審者の侵入を阻止することが中心になっています。

学校の安全について語られるようになったのは、大阪教育大学付属池田小学校で起きた児童殺傷事件がきっかけと言われています（内田良「教育実践におけるエビデンスの功と罪」、『教育学研究』第82巻、第2号、２０１５）。２０１６年には神奈川県の障害者施設「やまゆり園」での凄惨な事件が起き、ますます「不審者対策」や「自助努力」への関心が高まりました。

その流れは、「保育所保育指針」や「幼稚園教育要領」にも表れています。２０１８年版の「保育所保育指針」では、「第３章　健康及び安全」の中で、子どもの安全について述べられていますが、そこには最初にこう書かれています。

……「保育所保育において、子どもの健康及び安全の確保は、子どもの生命の保持と健やかな生活の基本であり、一人一人の子どもの健康の保持及び増進並びに安全の確保とともに、保育所全体における健康及び安全の確保に努めることが重要となる。
また、子どもが、自らの体や健康に関心をもち、心身の機能を高めていくことが大切である。」

「子どもが、自らの体や健康に関心をもち、心身の機能を高めていく」というのは、幼いうちからできるようなものではなく、あくまでも先の目標です。子ども自身が安全のことについて少しわかるようになって意識できるようになるのは、早くて4歳の終わり頃から5歳にかけての頃。それ以前の子どもの安全は、周囲にいる大人が守るべきです。

さらに2018年版の「保育所保育指針」には「事故防止及び安全対策」として、次のようなことが書かれています。

ア　保育中の事故防止のために、子どもの心身の状態等を踏まえつつ、施設内外の安全点検に努め、安全対策のために全職員の共通理解や体制づくりを図るとともに、家庭や地域の関係機関の協力の下に安全指導を行うこと。

イ　事故防止の取組を行う際には、特に、睡眠中、プール活動・水遊び中、食事中等の場面では重大事故が発生しやすいことを踏まえ、子どもの主体的な活動を大切にしつつ、施設内外の環境の配慮や指導の工夫を行うなど、必要な対策を講じること。

ウ　保育中の事故の発生に備え、施設内外の危険箇所の点検や訓練を実施するとともに、外部からの不審者等の侵入防止のための措置や訓練など不測の事態に備えて必要な対応を行うこと。また、子どもの精神保健面における対応に留意すること。

イで「睡眠中、プール活動・水遊び中、食事中等の場面では 重大事故が生しやすい」というのが明記されたことは大きな進歩ですが、それと同じくらい「不審者等の侵入防止のための措置や訓練など不測の事態に備えて必要な対応を行うこと」は重要なこととして扱われています。この項目は前の保育指針にも入っていましたし、もともと不審者対策のほうがメインになっていました。

さて、不審者対策というと、電気錠でしっかり門を閉めて、保護者と職員だけに伝えられる暗証番号で管理したり、周囲を高い塀で囲って誰も入れないようにしたり……ということに力を入れがちです。つまり、地域との断絶です。幼稚園や保育園に関係のない人を排除することで子どもたちの安全を守ろうとしているわけですが、本当にそれでいいのでしょうか?

じつは、地域において、幼稚園や保育園は子育て支援ができる重要な「基地」です。本当は閉じてしまうより、むしろ外に対して開かれていることが必要でしょう。そして、園の子どもたちをより多くの大人たちが知ることで、社会全体で子どもたちを守ろうという意識が高まっていくはずです。

現在、地域に開かれた幼稚園や保育園はたくさんあります。たとえば、通常は各自治体の保健所や健康センターなどで行う健康診断や予防接種を保育園で行っていた地域もあります。というのも、保育園で実施すれば様々なメリットがあるのです。まず、普段ほかの子どもを見ることの少ない状況で子育てをしている保護者が、同じ年の子どもの様子や少し大きな子どもの様子を見ることで安心できたり、何か遅れがある場合に気づいたり、といったことが可能になります。それから、子どもへの虐待の早期発見や予防などにもつながる可能性があります。予防接種や健診を行っている園は少ないのですが、地域への園庭開放や子育て支援事業を行っている園は一般的です。

ほかにも、敬老の日に地域のお年寄りを園に招くイベントを行って、普段あまりお年寄りとかかわることのない子どもたちにとっても、逆に子どもたちとかかわることのないお年寄りにとってもお互いによいつながりができることがあります。また、地域に住む音楽家が園にきて子どもたちのために演奏会を開いて、その楽器の生の音色を聴かせてくれる、といったこともよく行われています。地域には豊富な人材がいます。

こうして、子どもたちは園の限られた人材や資源ではできない様々な楽しみや発見を、地域の人たちとのかかわりの中で感じることができます。このような地域とのかかわりを大切にしている園はよい園だと言えるでしょう。

もちろん、そういった地域とのかかわりにおいても不審者対策が必要ないわけではありません。基本的に子どもに関することは「性善説」で行われているのが日本です。適切にチェックする必要はあるでしょう。ただ多くの人がかかわり、お互いに見守り合うことが、不審者対策につながることもあるはずです。

幼稚園も保育園も、認定こども園も、卒園後も保護者と子どもがいつでも帰ることができる場所であってほしいものです。そうすれば、何か困ったことがあったときにお互いに相談できる場所がひとつ増えます。いつでも「ただいま！」と帰れる場所として、園は地域に根ざした子育ての開かれた「基地」でなければなりません。

column 3

小規模保育施設のこと

2015年の「子ども子育て支援新制度」で、地域型保育事業として19人以下の「小規模保育施設」が市区町村の認可施設になりました。このことによって待機児童解消が進むのではないか、公的な監査が入ることで質の確保につながるのではないかという期待がありました。

小規模保育施設は、事業者にとっては少ない資金で比較的簡単に始められ、一般的な認可保育所よりも経営効率がいいために人気です。かつて、1～4歳までの子ども70人を預かっていたある認可外保育施設が、0～2歳までの19人を預かる小規模保育施設になると知り、経営者に話を聞いたことがあります。すると、認可外で70人を預かるより小規模で19人を預かった方が補助金などの面で経営が安定するとのことでした。

一方、預ける保護者側からすれば、小規模保育施設は2歳までなので、次の保育園を探さなければならないというのが大きな問題です。3歳になったら必ず入れる連携先の幼稚園や保育園があればよいのですが、まだ全部の小規模保育施設で連携園を指定できていません。そのため、規制緩和策として、連携先の園がない場合には5歳まで受け入れ可能にすることになりました。

「5歳まで受け入れてもらえれば安心」という意見もあるでしょう。ただ、やはり3歳以降はできれば幼稚園や保育園に行くべきだと考えます。

その理由として、ひとつは小規模保育施設の多くに園庭がないということがあります。子どもは、ある程度の運動をしないと体が育ちません。「子どもが小さいうちは、園庭は必要ない」と小規模を推奨する意見もありますが、0歳の赤ちゃんでも屋外に出て外気に触れ、自然とかかわることで発達が促されることがありますし、それを安全に行うためには、やはり園庭はあったほうがいいでしょう。

また、3歳以上児になれば、集団での活動をすることも大切です。全体で19名しかいない小規模保育施設では、3歳以上の子どもはほとんどおらず、同じ年齢、あるいは3～5歳の異年齢での集団の活動を行うことができません。

小規模保育施設を否定するわけではありません。人数が少ない園のほうが好きな保護者もいるでしょう。ただ、待機児童が解消されるまでの間は仕方ないという方向ではなく、子どもたちを誰もがよりよい施設で育てられるように、規制緩和ではない根本的な保育施策の充実による対策を求めるべきではないでしょうか。

第3章

命を守る

1　子どもは不慮の事故に遭いやすい

前章で詳しくふれた「保育の質」に含まれてはいないものの、その大前提として、もっとも大切なのは子どもたちの命が守られることでしょう。発達の途上にある子どもたちは、大人に比べて不慮の事故に遭いやすいのです。

０歳の赤ちゃんは、自分の意思で体を自由に動かすことができません。寝返りをし始めた頃には、腹ばいになることはできても、自分では仰向けに戻ることもできませんし、もし体に何かを覆い被せられても自分の手で払いのけることさえできないのです。また、うつぶせ寝で息苦しくなっても、大人と違って「このままでは窒息する」という危機意識が働かないことから、回避行動につながりません。

１歳になると、少しずつ自分で食事をとれるようになりますが、まだ咀嚼《そしゃく》（噛むこと）も嚥《えん》下《げ》（飲み込むこと）も上手ではありません。食べ物を、どのくらいのスピードで、どのくらいの量を、どういうタイミングで口に入れたらちょうどいいのかを判断できず、目から入ってくる食べ物の映像から「食べたい！」という気持ちが先にたって、口いっぱいに食べ物を入れてしまったり、噛まずに丸呑みしたりして、喉に詰まらせてしまうこともあります。

もう少し大きくなっても、子どもは体全体に対して頭の比重が大きいために不安定で、転倒・転落しやすいのです。あるいは、子どもは狭いところに入り込むのが大好きなので、押し入れやスーツケースなどの中に入って熱中症になったり、家具の隙間に首を挟んで窒息したりすることもあります。

厚労省の平成28年の人口動態調査を見ても、不慮の事故による死は０歳で４位、１～４歳と５～９歳で２位です。そして、消費者庁が実施した平成22～26年の人口動態調査の死亡個票デ

０歳児の不慮の事故死の原因

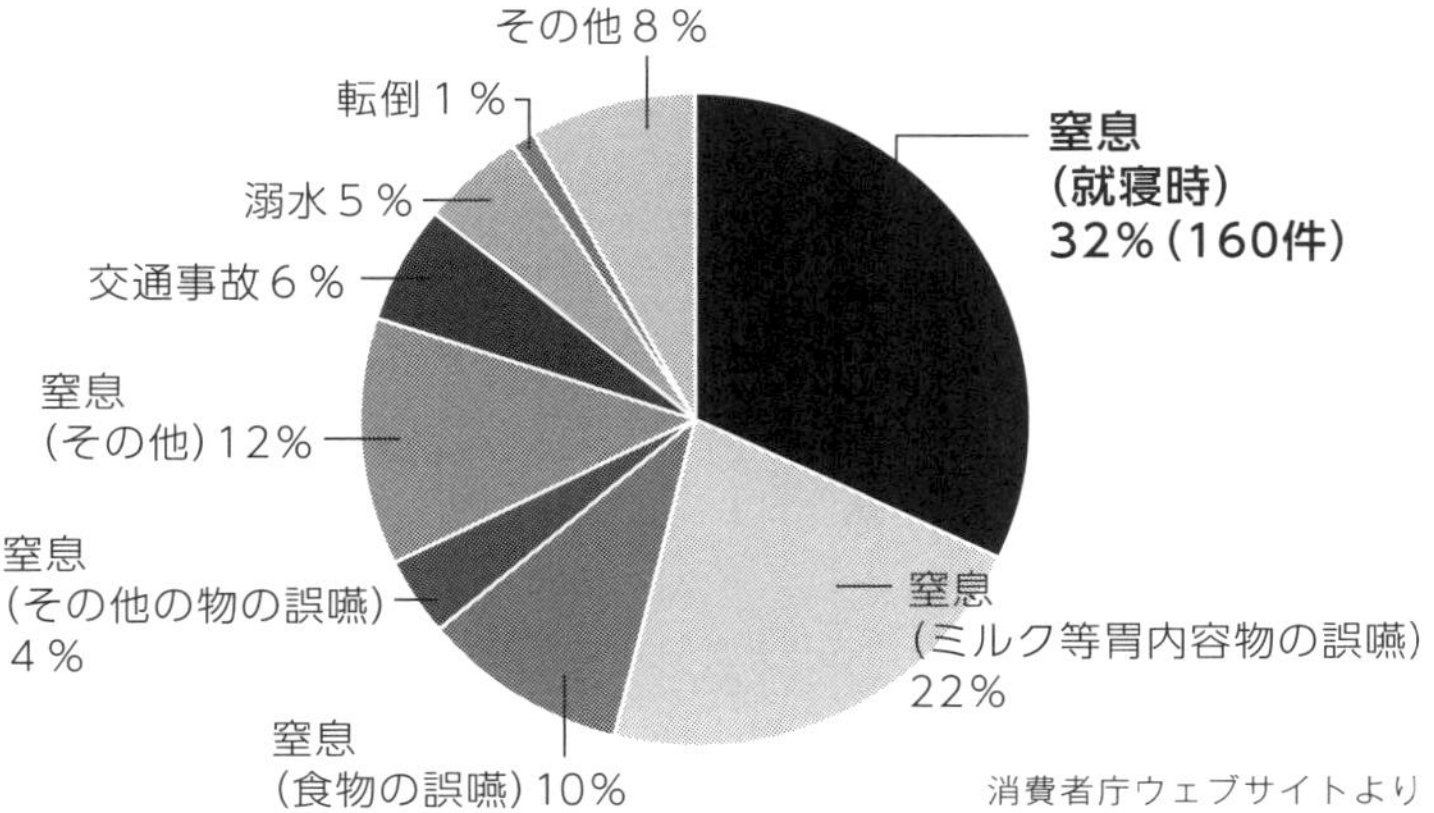

消費者庁ウェブサイトより

ータの分析では、子どもの不慮の事故のうち0歳児が25%を占め、0～6歳までで64%を占めています。

0歳児の不慮の事故の内訳は、就寝時の窒息事故が160件（全体の32%）を占めており、顔がマットレスなどに埋まる、掛布団等の寝具が顔を覆う・首に巻き付く、ベッドと壁の隙間などに挟まれる、ベッドからの転落、ベッド上の衣類やクッション等で顔を覆われる、等の状況が確認されています。

子どもはそのくらい自分の行動の結果を予測する能力が極めて未熟なため、大人が思いつかないような行動をとり、命が危険に晒されることが多々あります。予測能力や回避能力の未熟さを、大人が補って守ってあげなければ、容易

0歳児の就寝時の窒息死事故の状況

事故の状況	件数
顔がマットレスなどに埋まる	33件
掛け布団等の寝具が顔を覆う・首に巻き付く	17件
ベッドと壁の隙間などに挟まれる	13件
ベッドからの転落に起因する窒息	7件
家族の身体の一部で圧迫される	5件
ベッド上の衣類やクッション等で顔を覆われる	4件
その他、詳細不明	81件

消費者庁ウェブサイトより

計160件

に死んでしまう弱い存在なのです。

他方で、当たり前のことですが、子どもが育っていく中では、家庭でも園でも小さなケガや事故は必ず起きます。あらゆる小さなケガや事故まですべて防ごうとしたら、体を自由に動かす遊びのすべてが禁止されることになり、子どもの身体的な発達が阻害されるでしょう。また、かみつき・ひっかき・物の取り合いなど、ほかの子どもとのかかわりの中でのケガもあります。これらを完全に防ぐために子ども同士のかかわりを禁じたら、子どもの情緒的な発達が阻害されるでしょう。もしも子どもがケガをしても、それが大きなケガでなければ、子どもの発達にともなうものと受け止められる保護者の大きな心も必要になってきます。

子どもは一人ひとり発達の速度も特徴も違い、ケガをしやすい子もいれば、ケガをしにくい子もいます。ケガや重大事故を防ぐためには、子ども一人ひとりの存在をきちんと受け止めて、その子の特徴や育ちを見極めながら保育をすることが必要で、それができるかどうかは保育者への教育や保育者自身のあり方、また施設の運営方法などが関係しています。子どもの発達に合わない無理なことをさせれば、本来はケガをしにくい子でもケガをしてしまうかもしれません(41ページ参照)。また、子どもそれぞれの興味や関心によっても、危険のある場所や程度は違います。危険だと判断されることをすべて禁止するのではなく、子どもの発達を見極めながら、安全確保と育ちの保障に最善の努力をしている施設が望ましいと考えられます。

ところが、「未熟な子どもたちの命を預かっている」ということを自覚し、意識的に「不測の事態を予測し、命を守れる環境を作ろう」と対策をとっている園もある一方で、まったく無自覚としか思えないような園もあります。

そこで、以下では、幼稚園や保育施設・事業で、どのような重大事故が起こっているのかをみていきましょう。毎年、日本国内の保育施設で、十数人の子どもが亡くなってきました。厚労省および内閣府の発表では２００４年から２０１６年までの13年間に、少なくとも１９０人もの子どもが亡くなっていることがわかっています。「少なくとも」というのは、２０１４年度までは厚労省管轄の保育施設だけが調査対象で、しかも自治体を通して国に報告があったものだけに限られていたからです。同じ就学前の３～５歳の子どもが通う文科省管轄の幼稚園、内閣府管轄の認定こども園については報告義務もなく、公表してこなかったため、この表には含まれておらず、正確な人数はわかりません。

２００４年から２０１６年までの13年間に亡くなった１９０人の子どもたちの年齢別の内訳は、０歳97人、１歳56人、２歳15人、３歳6人、４歳6人、５歳5人、６歳5人と、０～１歳の赤ちゃんが8割を占めます。次いで2歳が多く、３歳以上はとても少ないことがわかります。また、認可施設と認可外保育施設での死亡事故数を園児10万人あたりで揃えて比較すると、圧倒的に認可外保育施設での死亡事故が多いことがわかります。

場面別では、もっとも多いのが睡眠中、次いで食事中や水遊び中です。約7割は園内での睡眠中に亡くなっています。預けられ始めてから比較的短い期間で亡くなっているのも特徴です。保育施設での突然の予期せぬ死亡の30%が、預け始めから1週間以内に集中しています。突然の予期せぬ死亡（Sudden Unexpected Infant Deaths=SUID）とは、乳幼児突然死症候群（Sudden Infant Death Syndrome=SIDS）、寝具や添い寝などにより偶発的に起こる窒息死、原因不明の死を含む概念です（アメリカ疾病管理予防センター〈CDC〉のWEB

保育施設における死亡事故

	0歳	1歳	2歳	3歳	4歳	5歳	6歳	合計
2004	5	4	2	2			1	14
2005	5	5	1	1	1		1	14
2006	9	2	1	1	1	2		16
2007	11	2	2					15
2008	7	3			1			11
2009	6	4	1			1		12
2010	7	5				1		13
2011	7	5	2					14
2012	10	4	2	1			1	18
2013	8	8	3					19
2014	8	5			3	1		17
2015	7	5	1	1				14
2016	7	4					2	13
合計	97	56	15	6	6	5	5	190

厚労省「保育施設における事故報告集計」内閣府「教育・保育施設等における事故報告集計」より著者が作図

サイトより）。

以上のような事情から、NPO法人「Safe Kids Japan」の理事長で小児科医の山中龍宏先生は「くう・ねる・みずあそび（食う・寝る・水遊び）」が危ないと指摘しています。ほかには、アレルギー食の二アミスや虐待死が明らかになったケースもあります。これらの事故について、その原因や対策を見ていきましょう。

●睡眠中

先の消費者庁の調査の通り、0歳児の睡眠中の死亡原因としてもっとも多いのは、窒息です。現在、うつぶせ寝による死亡は必ずしもSIDSとは限らず、鼻孔部閉塞による窒息や、寝具への二酸化炭素の滞留による低酸素性の窒息が含まれていることがわかっています。にもかかわらず、保育施設での死亡ケースにおいてクローズアップされるのが、SIDSなのです。

うつぶせ寝で亡くなった子どもの数

2010年	認可2	認可外4
2011年	認可1	認可外8
2012年	認可2	認可外3
2013年	認可2	認可外7
2014年	認可0	認可外4
2015年	認可0	認可外4
2016年	認可2	認可外2

厚労省「保育施設における事故報告集計」内閣府「教育・保育施設等における事故報告集計」より著者が作図

ＳＩＤＳについては、睡眠中に深く眠り込んで呼吸中枢が止まってしまい、通常であれば血中酸素濃度が下がると覚醒して呼吸を再開するはずのメカニズムが働かないこと（覚醒遅延）が原因ではないかという仮説が有力です。うつぶせ寝で自分の吐いた息に含まれる二酸化炭素を再度吸い込むことによる高二酸化炭素血症や、腹部を寝具に密着することで放熱が妨げられることによるうつ熱が、覚醒遅延と関係しているのではないかという指摘もあります。

このような窒息やＳＩＤＳのメカニズムを考慮すると、短時間であっても、うつぶせ寝にさせれば呼吸停止や心停止を起こす危険性がないとは言えません。また、うつぶせ寝にさせていたら、子どもの顔が見えないため、状態を近くで観察していたとしても呼吸停止や心停止を起こしたことに気づくことは困難でしょう。ですから、リスクがあると判明しているうつぶせ寝を漫然と継続している保育施設は、安全意識が低いと判断せざるを得ません。

平成10年に改訂された「保育所保育指針」の解説や平成13年の「認可外保育施設指導監督基準」の中で、すでに仰向けに寝かせ、顔色や呼吸状態をきめ細かく観察すべきことが記載されていて、保育士試験にも出題されています。つまり、保育にかかわる人のあいだで、うつぶせ寝が窒息やＳＩＤＳのリスク要因であることは広く知られているはずなのです。

それにもかかわらず、うつぶせ寝での死亡発見が後を絶たないのは、赤ちゃんが「泣く」ということが関係しています。ぐずり泣く赤ちゃんでも、うつぶせにして無理やり寝かせれば眠ると考える保育者がいるのです。赤ちゃんが眠ってくれれば、保育者はほかのことができます。保育現場に手が足りないとき、あるいは保育者が赤ちゃんをうつぶせ寝にしなければ泣き止ませることができないと考えるほど経験とスキルがないとき、あるいは保育者のやる気がないとき、あるいは施設が狭くて早く泣き止ませなければほかの赤ちゃんが眠れないほど環境が悪いとき、うつぶせ寝は横行します。

特に、預け始めの時期には、赤ちゃんが保育者や場所に慣れずによく泣くことから、うつぶせや頭に毛布などをかぶせて無理に寝かせようという力が働くことがあります。預け始めの時期に事故が多いのは、赤ちゃんが「泣く」ことに対応できない保育者が無理に寝かせることと無関係ではないでしょう。最初からうつぶせ寝を避け、睡眠中の呼吸チェックを欠かさず、寝具などの周囲のものに気をつけることが回避策になります。

これは0歳児のみならず、1歳児にも当てはまります。厚労省が1998年から始めた「仰向け寝」キャンペーンの後、乳幼児の突然死が大幅に減少しましたが、0歳児のみならず、1歳児でも同様に減少していることがわかっています。

たまに、「家庭ではうつぶせ寝をさせているのに、保育施設だけでうつぶせ寝を禁止するのは行きすぎだ」という意見も聞きます。もちろん家庭でもうつぶせ寝による死亡は起きていますから、うつぶせ寝はさせないほうがいいでしょう。加えて、保育施設と日本全体の「突然の予期せぬ死亡」の発生率を比較した場合、0歳児では保育施設のほうが発生率は低いのに対し、1・2歳児では保育施設のほうが2倍前後、「突然の予期せぬ死亡」の発生率が高いこともわかっています（168ページ参照）。保育施設特有の、何らかの要因があることが疑われます。

また、保護者が家庭でわが子をみる場合と、保育のプロが保育施設で他人の子どもを仕事として預かる場合とでは、安全確保に関する注意義務の程度が異なるのは当然でしょう。突然死のリスクファクターであるうつぶせ寝を禁止し、呼吸状態や子ども同士の折り重なりなどの危険がないかどうかを常に確認することは、プロである保育者が当然やるべきことです。

食事中

特に1～2歳児は、まだ嚥下が上手ではなく、食物をのどにつまらせる危険があることから、食事中は慎重に見守る必要があります。嚥下機能というのは、詳しくみると、「認知《にんち》」「咀嚼《そしゃく》」「嚥下《えんげ》」の3つのプロセスに分けられます。どのくらいの量の食べ物を、どのタイミングで口に入れればちょうどいいか、どのくらい噛んだら飲み込んでもいいかなどを判断するのが認知機能です。咀嚼は噛む機能、嚥下は飲み込む機能です。乳幼児は3つのプロセスのいずれも未熟です。これらの力は、生まれてから母乳やミルクを飲み、重湯などのドロドロした離乳食から少しずつ固さのあるものに移行し、様々な物を食べることで育っていきます。

最近、保育園やこども園に1歳で入園してくるときに、母乳やミルクしか飲んだことがない子、3歳で幼稚園に入園してくるときに、食べ物を噛むことができずに丸呑みしてしまう、という子の話をよく聞くようになりました。母乳やミルクだけでは栄養が足りないだけでなく、食べる練習をしておかないと子どもの命にもかかわります。発達に合わせて離乳食を与え、食べる力を育てていくことが必要です。保護者は子どもが今、どんなものを食べることができるかを、常に保育者と共有しておかなくてはいけません。

●水遊び

3歳以上では、プールなどの水遊び中の事故や、水路への転倒転落などによる溺水（おぼれ）がときどき起きています。

マンガやドラマでは、溺れた人はバシャバシャと音を立てて必死にもがいたり、「助けて～」などと声をあげるシーンが描かれていますが、これは誤りです。実際には、人は溺れるときには助けを求めることもなく、静かに溺れます。水をガボッと飲んだ際に、喉の奥に水が当たって喉頭痙攣を起こして静かに溺れるケースや、足を滑らせて仰向けで目を開けたまま水の中に沈んでいくケースがあります。子どもには水に沈んだら息ができなくなって死んでしまうという危機意識がないため、ビックリした状態で、もがくことなく沈んでしまうようです。

２０１１年７月11日、神奈川県の幼稚園で３歳児が園内のプールで死亡した事故の後、子どもが園でプールに入るときには「監視する人を２人以上置く」という通達が文科省・厚労省から出ました。２０１６年３月に公表された保育施設での重大事故防止のガイドラインでも、プール遊びのときに「動かない子どもや不自然な動きをしている子どもを見つける」という観点で監視係を配置することを求めています。しかし、プール遊びでの重大事故は後を絶ちません。

２０１７年８月26日、さいたま市緑区にある認可保育園で、午睡後の時間帯にプール遊びをさせていて４歳女児が溺死する事故が起きました。埼玉新聞の報道によると、保育士は目を離した時間は「30秒から１分ぐらい」だと述べているようです。しかし、蘇生できなかったことから逆算すると、短くとも５分以上は心肺停止の状態が続いていたはずで、保育士は「見ていた」けれども「溺れていることに気づけなかった」ことになります。漫然と見ていても「動かない子どもや不自然な動きをしている子どもを見つける」ことはできないのです。

2 実際に起きた事故と経緯

「今日も1日楽しく遊んでね！」

「バイバーイ！　いってらっしゃーい！」

毎朝、日本中の幼稚園や保育園で、こんなほのぼのとした親子の挨拶が交わされているはずです。いつもと変わらぬこのなにげない会話が、愛する子どもとの最後の会話になってしまったとしたら――考えるだけで、あまりにもつらく悲しいことです。でも、そんなつらく悲しい体験をしている保護者が大勢います。ここで、実際に保育園や幼稚園で起きた事件・事故をご紹介したいと思います。

（1）うつぶせ寝による事故

2009年11月17日午後1時前、大阪市・ラッコランド京橋園で生後4か月の棚橋幸誠《たなはしこうせい》くんがうつぶせ寝で心肺停止の状態で発見され、その後に死亡が確認されました。

当時、幸誠くんは仰向けからうつぶせに寝返ることはできるものの、うつぶせから仰向けに戻ることはできませんでした。ところがラッコランド京橋園では、当日17人の子どもたち（０歳児４人、１歳児５人、２歳児１人、３歳児２人、５歳児４人、学童１人）に対し、保育士資格を持たない２人のみが保育していて、そのうち１人は午前10時30分頃から午後０時30分頃までは調理室に入ったまま調理作業を、残る１人が保育ルームでの保育とベビールームで寝ている乳児のチェック、受付カウンターでの来訪者の対応、電話対応や掃除、布団を出すなどの昼寝の準備、子どもたちの寝かしつけなどを一手に引き受けていました。

午前11時50分頃、保育ルームにいた幸誠くんが甲高く異常な泣き声をあげたため、調理室にいた保育者が見に行ったところ、うつぶせ寝で真下を向いて泣いていた幸誠くんを見つけ、保育ルームや調理室からは直接見ることができないベビールームのベビーベッドに仰向けに寝かせて調理室に戻りました。

その後、ベビーベッド上でうつぶせで真下を向いて鼻から血液交じりの液体を出して心肺停止していた幸誠くんが発見され、午後１時03分に１１９番通報しましたが、死亡が確認されました。

ラッコランド京橋園は、大阪市による年1回・事前予告ありの立入調査において、過去3年間にわたって「保育従事者の数は足りているが、有資格者の配置が不足している」との改善指導を受けていましたが、「求人募集を続けて有資格者を採用予定である」などとして営業を続けていました。しかし、実際には事故当日のように乳幼児17人程度であれば保育従事者が2人しか配置されないことが常態化しており、「認可外保育施設指導監督基準」の保育従事者の配置を下まわった状態で運営されていました。大阪高裁で施設の責任を認める判決が出され、確定しています。

なお、ラッコランド京橋園の経営者が運営していた系列園では、2002年にもベッドで寝ていた生後4か月の女児におねしょ防水シーツがかぶさって死亡する事故が起きていました。

(2) 乳児の折り重なりによる事故

2001年3月16日、東京都豊島区・ちびっこ園西池袋園で、ひとつのベビーベッドに生後4か月の北条涼介《ほうじょうりょうすけ》くんと生後8か月のAくんが一緒に寝かせられていました。2人の間にはぬいぐるみが置かれていましたが、保育者がベビールームに不在となった間に、生後8か月のA

くんがぬいぐるみを乗り越えて生後４か月の涼介くんに覆いかぶさり、下になった涼介くんが鼻口部閉塞によって窒息死しました。当日、保育者は、３月下旬の卒園式に向けて幼児クラスに演技の練習をさせるためにホールに行ってしまっていましたが、経営者は発見時の状況を知りながら、早々に「乳幼児突然死症候群だろう」と責任逃れの発言をしました。

ちびっこ園は、当時、全国に直営63園、フランチャイズ3園を展開していましたが、各園に①入園申し込みを断ることを厳しく禁止し（定員も設定していませんでした）、②人件費比率（保育士やスタッフの人件費の割合）を売り上げの31％以下にするように求めていました（厚労省による認可保育所委託費の積算根拠では、人件費比率は70％程度とされています）。年度の後半になると都市部の園では床面積としてもギューギュー詰め、安すぎる時給のせいで求人を出しても応募がなく常に人手不足、保育者は深夜の仮眠（これも子どもがいる以上は勤務時間です）を挟んで24時間勤務が常態化していました。

そのため、子どもを怒鳴って従わせたり、授乳は赤ちゃんを抱っこすることなく巻いたタオルで哺乳瓶を支える「当て飲み」をさせたり、それ以前にも類似の死亡事故が起こっていたにもかかわらず、ひとつのベビーベッドに２人の乳児を寝かせたりするなどの不適切な保育が行われていたのです。

東京都から何度も改善指導があったにもかかわらず真摯な対応はせず、ちびっこ園グループでは１９７９年６月から１９９８年10月までの19年間に、なんと20人もの乳幼児が死亡する事故が発生していました。過去20件の事故から「乳幼児突然死症候群と言えば免責される」と考えたのでしょう。内部の事故対応マニュアルには、「『状況により判断しますと、病気による死亡だと推定され、おそらく、乳幼児突然死症候群ＳＩＤＳだと思います。よって記事内容は慎重にお願いします』とハッキリとお答えください。（注意）必ず、上記の統一見解に基づいて回答して下さい。」と記載されていました。

ちびっこ園西池袋園の事件では、過去19年間に20件の死亡事故があったこと、ひとつのベビーベッドに２人の乳幼児が入れられて一方が死亡したケースもあったにもかかわらず、まったく改善をしてこなかったことが重視され、現場の保育者ではなく富山県の本部にいた経営者が業務上過失致死罪に問われ、有罪判決を受けました。

また、この事件の前年２０００年２月には神奈川県大和市で「スマイルマム」事件が起きています。認可外保育施設を経営していた女性が、８か月あまりの間に預かり保育をしていた乳幼児６人に対して暴行を加え、うち４人に対し延べ５回にわたり骨折の傷害を負わせ、２人を死亡させた事件で、傷害罪及び傷害致死罪により懲役18年の実刑判決が確定しました。女性は無資格であるにもかかわらず「保母」を名乗っていました。

ちびっこ園、スマイルマムの２つの事件をきっかけに、「児童福祉法」が改正され、それまで無届で営業できていた認可外保育施設の届出制が導入され、指導監督制度の整備が行われました。また、資格を「保母」から「保育士」へと名称変更し、保育士資格の国家資格化が図られました。

（3）食事中の誤嚥事故

２０１０年10月29日、愛知県碧南市の私立認可保育所で、午睡明けのおやつの時間に１歳４か月の男の子・栗並《くりなみ》寛也《ひろや》くんが、おやつの飲み込みにともなって気道閉塞して窒息し、救急搬送されたものの39日後に亡くなりました。

おやつのメニューは、ラムネ（直径１・５㎝、厚さ１㎝）、「おもちゃカステラ」（縦３㎝、横２㎝、厚さ２㎝）、スナック菓子（長さ３㎝、幅１・５㎝、厚さ０・５㎝、魚形状）、グレープジュース。寛也くんは、午睡から起きてきてまもなく、最初にラムネを食べ、口の中の唾液が少なくなった状態で水分を補給せずに、カステラを連続して2個かじっていたところ、窒息状態に陥りました。その間、担当保育士はテーブルを立って寛也くんに背を向けて連絡帳を記入したり、室外へ出るなどして、おやつ中の見守りを継続的に行っていませんでした。

本来、食事やおやつのときには、保育士は子どもが食べ物を一度に口に入れすぎていないか、しっかりと飲み込めているかどうかを確認しなくてはなりません。また、午睡の後は体の水分が失われていることが多いため、まず食べる前に水分補給をさせることが必要です。まして、ラムネやカステラという口の中の水分が吸収されやすい食べ物を与える場合には、水分補給をしながら食べるように促すことも必要でした。

事故の背景事情として、この保育園では保育室の床面積に関する児童福祉施設最低基準の解釈を誤っており、しかも、0歳児の保育室の約半分を自治体へ届け出ることなく「一時預かり保育の部屋」に転用していました。この状況下で、年度途中に0歳児クラスへの入園希望があると次々と受け入れていました。その結果、0歳児一人あたり3・3㎡が必要なところ、0歳児の保育室の一人あたりの面積は1・64㎡になっていました。このため、0歳児クラスの児童のうち4人が、担任1人と共に1歳児クラスの保育室へ移されていたのです。移された先の1

歳児の保育室でも、一人あたりの面積は2・77㎡と最低基準を満たしていませんでした。

このような詰め込み状態の上に、1歳児クラスは0・1歳児の混合保育となっており、しかも午睡明けの時間は1歳児クラスと2歳児クラスの間のパーテーションが開け放たれて、満1歳になったばかりの子から3歳の子までが一緒に保育されていました。1~3歳というのは、子どもの発達が急激に進む時期なので、発達の差が大きい時期です。発達段階の異なる子どもたちがひとつの部屋に詰め込まれている状況では、保育士が子どもたちの動静を確認しづらくなります。

そうしたところ、寛也くんを含む4人の満1歳を過ぎた子どもたち（本来は0歳児クラスにいた子どもたち）と保育士1人までもが1歳児の部屋に移ってきましたが、保育士同士で観察体制の確認を行わないままに保育を続けている中で、この事故が起こりました。

事故後、ご両親は指導監督権限を持つ愛知県に対し、事故調査委員会を設置して調査・検証することを粘り強く働きかけました。そして、事故から1年後に碧南市による報告書が、事故から2年余り後には碧南市と愛知県が共同で設置した第三者委員会による検証報告書が出されています。しかし、事故直後に調査・検証がなされなかったことから、寛也くんが窒息したときの状況の詳細は不明瞭になってしまいました。このことから、ご両親は事故直後に遺族が働きかけなくても、速やかに専門家を含む第三者が事故を調査・検証する仕組みの必要性を訴え、内閣府の「子ども・子育て支援新制度」のもと、教育・保育施設等において重大事故が生じた場合には、地方自治体が、外部有識者による検証委員会を設置して再発防止策を検討する制度が２０１６年４月からスタートしました。

（４）川遊びにおける溺水事故

２０１２年７月20日午後、愛媛県西条市・学校法人ロザリオ学園西条聖マリア幼稚園が主催した年長児の「お泊り保育」という園外宿泊行事における川遊び中に、川が急激に増水し、園児４人が流され、うち１人、吉川《よしかわ》慎之介《しんのすけ》くん（当時５歳）が死亡する事故が起こりました。

川遊びが行われた加茂川は、山間部を流れる河川で、その流域は広く、川遊びをした場所は複数の支流が交わるところにあり、上流の山岳部での天候の変化によって急激な増水がありうる地形です。しかし、「お泊り保育」は20年間も同じ場所で行われていたので、危険だと思ったことがなく、大丈夫だと思っていたということでした。

当日朝５時発表の天気予報は「曇り時々雨ところにより雷をともなう」でした。実際、午前中には西条市内や川遊びが行われた場所付近でも雨が降っており、加茂川上流域では午前中から午後にかけて断続的な降雨がありました。しかも、現場は園児たちが水に入る側が深くなっていて、大人の膝ほどの深さがあり、川底の岩には苔が生えて滑りやすく、急な増水があった場合には安全に退避させることが著しく困難な場所だったのです。また、参加した5・6歳の年長園児たち31人のほとんどが、浮き具なしでは泳げないにもかかわらず、浮き具やライフジャケットなどの救命胴衣も用意されていませんでした。

学校法人ロザリオ学園西条聖マリア幼稚園の入園案内には「モンテッソーリ教育による保育形態をとり、人的、物的環境を整えることに留意し、幼稚園教育要領に掲げられる五領域の保育にあたります」「子どもたちは各自整えられた沢山の環境の中から自由に選び、集中して活動し、自ら成長発展できるように、しようとする。同時に人に迷惑をかけず自分の仕事をやり遂げ更に、人への思いやりを保ち、心豊かな人間関係が培われること」（原文ママ）と記載されていました。モンテッソーリの教育方法論からすると、子どもの育つ環境に対する教職員の配慮が必要不可欠ですが、本件事故が起こった「お泊り保育」の場面では、子どもの自由な活動の展開にふさわしい環境が整えられていたかは疑問です。一般的に雨の後には川の急な増水がありうること、参加している子どもたちの年齢や身のこなし、退避しにくい地形であることを考えれば、ひとたび急な増水が起これば子どもたちの安全を守れないことは明らかでした。

刑事裁判では、他人の子どもを預かって川遊びを行う以上、水難事故防止のためにライフジャケットを装着させることが必要であったとして、園長に罰金50万円の有罪判決がなされ、確定しています。

(5) 熱中症による死亡事故

2005年8月10日、埼玉県上尾市立上尾保育所で、当時4歳の榎本侑人《えのもとゆうと》くんが本棚の下段の引き戸の中に入り込み、熱中症による心肺停止で亡くなりました。

この保育所では、「自由遊びの時間」には、子どもたちは廊下やホールで遊ぶのも「自由」として、いわば放任された状態で、誰がどこで何をして遊んでいるか、まったく把握されていませんでした。侑人くんは、一緒に遊んでいた子どもたちが証言する「セミごっこ」というかくれんぼに似た遊びをしている間に、廊下の死角になる部分に置かれた本棚の下段の引き戸の中に入り込んでいました。午前11時15分頃に給食準備が始まり、廊下の本棚のまわりにたたずんでいた子どもたちも部屋に連れ戻され、それでもお皿が１枚余っていたことから、担任保育士は11時35分頃に侑人くんがいないことに気づきました。しかし、担任保育士は、侑人くんと一緒に遊んでいた子どもたちに経過を尋ねることもなく、園舎内を簡単に探しただけで、侑人くんの靴箱に靴があったにもかかわらず、外に探しに行ってしまいました。これは午前中に屋外で侑人くんの祖母に会ったこと、園舎内に入ってから人数確認をしていなかったことから「おばあちゃんについて行ってしまったのかも」と短絡的に考えたためです。

最終的に、外部研修から戻ってきた園長が「侑人くんは１人で外に出るような子じゃない」と考えて園舎内を捜索し、本棚の中にいた侑人くんを発見。侑人くんは、びっしょりと汗をかいた心肺停止の状態で救急搬送されましたが、息を吹き返すことなく亡くなりました。

事故のあった本棚

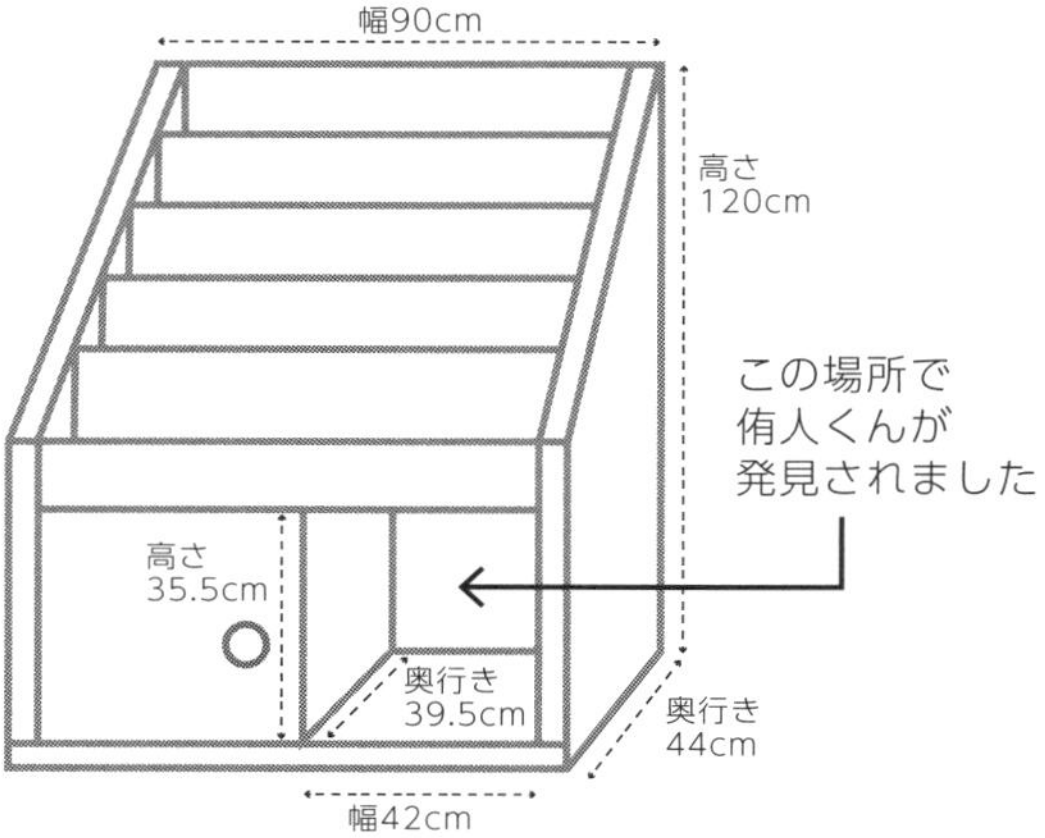

ご両親が上尾市に要望して、同年9月27日に第三者委員を含む事故調査委員会が設置されましたが、事故からすでに1か月半が経過していたこともあり、「なぜ侑人くんが本棚に入って亡くなったのか」は明らかになりませんでした。

しかし、事故調査委員会は、上尾保育所が子どもを把握しやすい一斉保育ではない「子どもの主体性に任せる自由な保育」を標榜して実施していながら、日頃の保育の中で、(ア)保育士に園内での人数確認や子どもの動静を把握する習慣が身についていない、(イ)子どもも集まるべきときに迅速に集まる習慣がついていない、(ウ)緊急時に冷静な判断を系統立ててしていない、(エ)職員間の指揮系統が明確でない、(オ)子どもの仲間遊びの状態や関係の変化の把握ができていない、(カ)子どもから話を聞いて動静を把握するという保育士と児童との関係性が十分確立していない、(キ)職員全員で児童全員を見ようという取り組みができていない、などを問題点として指摘し、防ぎようもなく起こった事故とは言えない、と結論づけています。

先に述べたように、子どもは自らの行動の結果として生じる危険を予知する能力が未熟です。だからこそ、子どもの自主性を尊重した「自由な保育」をする場合には、環境の整備や、保育者による子ども一人ひとりの性格の把握、保育者の連携による漏れのない見守り(動静把握)を確保しなければ、子どもは容易に命を落としてしまいます。その意味で「自由な保育」は、保育者一人ひとりのスキル、保育者同士のコミュニケーション・役割分担・連携が求められる高度な形態なのです。

それにもかかわらず、当時の上尾保育所では、正規職員の保育士と非常勤職員とのあいだに溝があって引き継ぎを行っていなかったり、正規職員同士も連携が密ではなかったりという状態でした。そのうえ、侑人くんと同じクラスに非常に激しくクレームを言ってくる保護者がいたことから担任のなり手がなく、担任を押し付けあう状況にありました。そしてクレームの激しい保護者への対応のために、管理職資格のある園長が市の保育課から園に赴任してきたことに対して、一般保育士からの反発がありました。保育士たちは誰も園長を支えようとせず、むしろ園長の「お手並み拝見」のような意識で、園長を無視することさえあったそうです。職員から園長への逆パワハラのような状態でした。

このように職員集団の心がバラバラの状態で、「自由」といいつつ「放任」の保育を行っていたことが、侑人くんが本棚の下段の引き戸の中に入り込んでしまうところを誰も目撃せず、侑人くんの行方不明がわかってから50分も発見できなかったことへとつながっています。

ご両親は、事故調査委員会の報告書を受けて、上尾市や園長や担任保育士らが主体的に謝罪・改善することを期待していました。ところが、上尾市長は市議会で、この事故を口実に公立保育園の民営化に利用しようとする発言をし、園長・担任保育士らは懲戒処分を受けて退職しただけで、ご両親に対する説明責任を果たそうとはしませんでした。

このため、ご両親は真実を明らかにするため、刑事告訴と民事提訴を選択せざるを得なくなりました。結局、刑事処分は、業務上過失致死罪で園長は罰金50万円、担任保育士らは罰金30万円の刑に処せられました。民事訴訟は、担任保育士らが1時間以上園児の動静把握を怠った事実を「重大な過失」として市の賠償責任が認定されました。

(6) 虐待死

ここまで見てきた死亡事故は、いずれも保育者の過失による事故でした。しかし、保育施設での重大事故、特に「乳幼児突然死症候群」という「病死」として「事件性なし」と処理された事件の中には、虐待死の事件も含まれています。2つの事件を紹介します。

〈香川県高松市香川町・小鳩幼児園事件〉

2002年2月19日、香川県高松市のベッドタウンであった旧香川町の「小鳩幼児園」という認可外保育施設で、預け始めて10日目の１歳２か月の飛士己《ひとき》ちゃんが亡くなりました。

当日朝、お母さんは、前日に飛士己ちゃんの額と膝に痣がついていた理由を聞くため、通常の午前９時の登園より５分早く園に到着。園長は保育時間より早く着いたお母さんに激怒し、飛士己ちゃんをお母さんから奪うように抱き上げ、奥の部屋に連れて行ってしまいました。

その直後、園長は飛士己ちゃんを床に敷いた布団の上に投げ落として頭部を強打させ、さらに頭部を平手や拳で計５回殴打しました。飛士己ちゃんは頭部打撲によるくも膜下出血を起こし、午前10時頃には顔面蒼白となって手足も冷たくなるなど、普段とは目立って違う様子を示していることに園長は気づいていました。

以降も園長は飛士己ちゃんを観察していましたが、午前11時20分頃には無表情となって体の力がほとんどなくなり、意識障害や運動障害が明らかでした。ところが、園長は自分が加えた虐待が発覚することを恐れて、救急車を呼ばず、死亡するかもしれないとわかりながら飛士己ちゃんを放置しました。

そして、15時40分頃、園長はお母さんの職場に「お昼寝から起きてこないから見てみると息をしていない。他の病院に電話をしたが、そういう状態の子は診られないと断られた。どうしよう」と電話してきました。そして救急車も呼ばず、お母さんに聞いたかかりつけの病院に連れて行き、そこで飛士己ちゃんの死亡が確認されました。園長は病院でお母さんに「この子は家にいたら家で死んでいた。園でこんなことがあると迷惑だ」と言いました。そして、翌日出された死体検案書には「SIDS（乳幼児突然死症候群）の疑い」と書かれていたのです。

しかし、飛士己ちゃんの顔は痣だらけで、頭は脳浮腫でパンパンに腫れ上がっていました。この飛士己ちゃんの姿からは、本来、乳幼児突然死症候群はありえない診断名です。しかし、園長は、乳幼児突然死症候群と言えば免責されると考えていたのでしょう。そのために午睡時間が終わる15時過ぎまで、すでに亡くなった飛士己ちゃんを放置していたのです。

当初は警察もSIDSという病気で事件性がないとして処理しようとしていました。事件が動き出したのは、ご両親が亡くなった飛士己ちゃんの痣だらけでパンパンに腫れ上がった顔写真を示して刑事告訴し、それをマスコミが報道してからです。

マスコミが報道することで、その前年２００１年10月にも、園長が当時5歳だった女の子に対して2日にわたり太鼓のバチで頭を殴打したり、平手で顔を叩いたりする虐待を加えて、自治体が現地調査をしていたことが判明しました。さらに、この園では園長が長年にわたって自分の思い通りにならない園児や気に入らない保護者の子どもに暴行を加えていたため、近隣では「虐待保育園」として有名で、園児が集まらなくなっていたこともわかりました。

飛士己ちゃんのご両親は、高松市のベッドタウンである香川町に引っ越してきたばかりで、周囲に知人がいませんでした。町営の認可保育所がいっぱいで入れず、小鳩幼児園の虐待の評判を知らずに見学に行きました。飛士己ちゃんは、待機児童だったのです。園長は、飛士己ちゃんの祖母くらいの年齢で、経験も長く、頼りになりそうに見えたそうです。園長は、４人の乳児を、自分も含めた２人の保育士で見ていること、子どもが本当に好きで、子どもを自然の中で自由に育てることをモットーとしていること、食事はその子の月齢に応じて手作りしていること、食材も自然の物を使うようにしていることなど、もっともらしい話をし、ご両親は騙されてしまいました。

事件後、近隣の人は誰も預けない虐待保育園だったことを知ったお母さんは、どうして運営を続けられていたのか、どうして虐待を知っていた人たちは閉園させなかったのか、絶対に真実を暴かなくてはならない、と立ち上がりました。

刑事裁判で園長は、飛士己ちゃんに対する殺人罪と、前の年に女の子に暴行を加えたことによる傷害罪で懲役10年の実刑判決を受けました。

そして、民事訴訟では、子どもがご飯を食べるのが遅いとか、走って転んだなどの理由で、園長が長期間にわたり、手で園児の頭や顔、背中、足を殴ったり、つねったり、足で蹴ったり、また園児の両足をつかんで放り投げたりする暴行を加え、太鼓のバチやパイプ椅子等の道具（凶器）を用いて顔や頭を叩いたりする暴行を加えていたこと、ないしはその疑いを把握しながら、適切な指導監督権限の行使をしなかったことが違法であるとして、指導監督権限を有する香川県に対して国家賠償責任が認められました。

〈栃木県宇都宮市・トイズ事件〉

２０１４年７月26日未明、生後９か月の山口愛美利《えみり》ちゃんが、栃木県宇都宮市内の認可外保育施設「託児室トイズ」で熱中症のために亡くなりました。同月23日から３泊４日の宿泊保育中に体調を崩し、下痢や発熱を起こし、衰弱していったにもかかわらず、医療機関に連れていかれることなく放置されて死亡したのです。

愛美利ちゃんのご両親は会社を経営していて出張も多く、熱を出してもすぐには戻ってこられないことが予想されたため、ホームページやパンフレットに「看護師が常駐している」「医師とも提携している」「栄養士と調理師が作る離乳食」などと記載された「託児室トイズ」の見学会に参加。見学会では、十分な保育者（後に、この日だけ雇われた人が多数いたことが判明）、きれいな園舎、パンフレットに載っていた運営会社の代表者である園長の父親（元県議会議員）の姿を見て、ここなら安心と信頼して、愛美利ちゃんを預け始めました。

そして、園長から「暑い中、出張に同伴するより、預けられたほうが愛美利ちゃんも楽なのでは。お医者さんのお子さんも、学会でヨーロッパに行くときに10日ほど預けられましたよ」とすすめられ、宿泊保育を利用した中での事件でした。


実際の「託児室トイズ」には、看護師もいなければ、医師との提携もなく、保育者の配置も不足しており、預かっている乳幼児を毛布でくるんで紐で縛ったり、夏場はワイシャツを前後ろにして袖を背中で縛ったりなどと、子どもたちが自由に身動きを取れない状態にして、人件費を浮かせていました。また、食事は園長一家の食事の残りをタッパーに入れてぐちゃぐちゃに混ぜたものを、複数の乳幼児に同じスプーンで与えており、「栄養士と調理師が作る離乳食」とは程遠い実態がありました。

「託児室トイズ」の経営者の弁護人は、当初「乳幼児突然死症候群の可能性」を指摘し、責任を争っていましたが、園長が保護責任者遺棄致死罪容疑で逮捕・起訴され、死因が熱中症であったことがわかると辞任。園長は、愛美利ちゃんへの保護責任者遺棄致死罪と、1歳2か月及び8か月の赤ちゃんを毛布でくるんで紐で縛っていた暴行罪で、懲役10年の実刑判決を受けて、服役しています。

私たち著者二人は、(2)のちびっこ園西池袋園事件に、被害者側の担当弁護士(寺町)と、報道するジャーナリスト(猪熊)としてかかわって以降、保育施設等でお子さんを亡くされたご遺族による「赤ちゃんの急死を考える会」(1995年設立)のみなさんと一緒に活動してきました。一つひとつの事件・事故のご遺族が直面したつらい体験を、本当の意味で理解することはできないかもしれませんが、それぞれの事件・事故の背景を知れば知るほど、「自分の子どもだったかもしれない」と思わずにはいられませんでした。そして、「二度と、同じような事故を繰り返してほしくない」というご遺族の思いを、自分のこととして、ともに分かち合いたいと思ってきました。

今、待機児童問題が重要な政策課題にあげられています。こんな時期だからこそ、自分のこととして分かち合いたいと思う人が増えることが、すべての子どもたちに安全な保育を届けるために、とても重要なことだと思っています。

3 なぜ重大事故が繰り返されてきたか

（１）重大事故の報告と検証が行われていない

これまで見た通り、睡眠中の死亡事故の典型はうつぶせ寝で亡くなっていた、折り重なって窒息していたというものです。誤嚥による窒息は１・２歳児に集中しています。同じ経営者が死亡事故を繰り返す例も後を絶ちません。なぜ同じような事故が繰り返されるのでしょう。

私たちがもっとも大きな問題だと思っているのは、保育施設等で死亡事故が起きたときに、法的責任ばかりがクローズアップされ、法的責任が立証されない限りは誰も検証せず、何も学ばないで放置されてきたことです。

法的責任というのは、以下の３つが立証されたときに初めて発生します。

１　保育者の保育対応に落ち度（注意義務違反）があり

２　死亡などの結果が生じており

３　結果と落ち度との間に法的因果関係があること

つまり、どんなに杜撰な保育実態があったとしても、その杜撰な保育と死亡結果とのあいだに因果関係があること、つまり、何が死亡原因であるか、保育者が本来やるべきことをやっていれば（注意義務を尽くしていれば）死ななかったということを、被害者である遺族側が立証できなければ、法的責任は免責されるのです。これは濡れ衣をかけられる可能性を思えば、法治国家である以上は仕方がない面もありますが、施設側の法的責任が認定されるには非常に高いハードルがあります。

一方で保育は、日本の未来を担う子どもたちを保護者から預かる事業であり、「児童福祉法」「子ども・子育て支援法」「学校教育法」「少子化対策基本法」などの法的根拠を有する公共政策です。公共性の高い事業の中で、本来守られるべき子どもの命が失われるということが起こった場合、どういう状況で何が起こったのかを調査し、同じ事故を防止するために、何を変えればよいかを検証することもまた、公共政策の一環として必要なことです。

ところが、これまで行政は幼稚園や保育施設での事故を独自に調査・検証することはなく、「警察が入っているから」「死因が何かわからないから」「責任問題は両方の当事者がいることだから」などと形式的な中立性を保つのみで、長らく放置してきました。そうして放置している間に、同じような事故で繰り返し乳幼児が亡くなってきたのです。

そこで、２００９年11月、「赤ちゃんの急死を考える会」は、相談や報道などから集めた１９６４年から２００８年までに保育施設等で起きた２４０件の死亡事故の情報を公表し、２００１年からの「待機児童ゼロ作戦」による規制緩和以降、認可保育所での死亡事故件数が増加していることを指摘し、重大事故の報告義務を課すこと、重大事故の調査・検証をして、保育施設等の最低基準に反映することなどを政府に申し入れました。

これを受けて、２００９年12月に厚労省が地方自治体に対して死亡事故等の重大事故の報告を求め、２００４年度からの保育施設での死亡事故等を国が公に集計して公表するとともに、２０１０年１月には死亡事故等の報告を求める通知を出しました。

しかし、この死亡事故等の報告・公表制度には法的根拠がなく、国から地方自治体に対する「お願い」でした。そのため報告漏れが多く、「赤ちゃんの急死を考える会」では引き続き保育施設等での重大事故の報告義務を法制化することを求めましたが、国は「子ども・子育て支援新制度の中で対応する」として、なかなか動きませんでした。

２０１３年10月、読売新聞によって、保育事故の報告漏れがあり、国が報告しているよりも多くの子どもが亡くなっていることが報道されました。そこで、国は改めて地方自治体に調査を求め、同年12月に31件が追加報告されました。報告が漏れていた事故の多くは「睡眠中」や

「病死」などの事案で、地方自治体に「事故」という認識がなかったというものでした。

しかし、先に見たように虐待による殺人事件すら「乳幼児突然死症候群の疑い」として闇に葬られかねないのが現実です。死亡事故から「病死」を除くのではなく、すべての死亡事案を報告義務の対象として、共通するファクターがないかどうかを見つけて、変えられるものを変えていくことが必要です。

2014年9月、内閣府・文科省・厚労省が設置する「子ども・子育て会議」のもとに「教育・保育施設等における重大事故の再発防止策に関する検討会」が設置されました。この検討会の委員には、先に紹介した(3)の保育事故の遺族も委員として参加し、「赤ちゃんの急死を考える会」もヒアリングを受け、保育施設等での死亡事故の実情を報告しました。

2015年4月からは「子ども・子育て支援新制度」がスタートし、新制度の枠の中で運営されている保育施設・事業や幼稚園については、重大事故と死亡事故についての報告を義務化することになりましたが、義務化といっても法律による裏づけがあるわけではなく、依然としてあくまでも「技術的助言」という「お願いレベル」での運用でした。

2016年4月からスタートした重大事故の検証委員会の仕組みも、現状では、必ずしも全件で行われているわけではなく、「遺族が望まないから」といった理由で放置されているケースも見受けられます。

２０１７年11月の「児童福祉法施行規則」改正により、「子ども・子育て支援新制度」に含まれない認可外保育施設も追加で報告義務の対象となりましたが、「子ども・子育て支援新制度」の枠外の私学助成による幼稚園は未だ報告義務の対象外であり、国の通知による「お願い」ベースでの報告集計のままです。事故の報告をするかどうかは施設の良心に任されており、すべての事故がきちんと報告されているかどうかはまったくわかりません。本来、法的な裏づけを持たせ、確実にすべての幼稚園、保育施設・事業に報告義務を課すべきです。

(2) 立入調査があまりにも不十分

もうひとつ、私たちが大きな問題だと思っているのは、立入調査についてです。保護者は、日常の保育がどのように行われているか、保育施設等が国や自治体が定める基準を守って運営されているか、詳細を知るすべがありません。小学校入学前の子どもたちは、自ら保育の内容を的確に評価して保護者に伝えることができません。だからこそ、保育施設にはそれぞれ所管する行政への定期報告が義務づけられ、行政には指導監督権限が規定されています。行政が保護者に代わって悪質な事業者を排除することを目的としているのです。その手段の重要なひとつとして、立入調査権限があります。

「認可外保育施設に対する指導監督の実施について」（雇児発0620第27号平成28年6月20日）という厚生労働省雇用均等・児童家庭局長通知では、届出対象となるすべての認可外保育施設に対して原則として年1回以上の立入調査を行うこととされています。ただし、「1日に保育する乳幼児の数が5人以下の施設」では年1回以上の立入調査を行うように努力することとされ、届出対象外の施設（事業所内保育所など）については頻度の言及もなく「できる限り立入調査を行うよう努力すること」とされています。そして、「認可外保育施設が多数存在し、届出対象施設に対して年1回以上の立入調査を当面行うことができない都道府県等にあっては、対象施設を絞って重点的に指導監督を行うこともやむを得ない」とされています。

この例外規定によって放置されてきた施設でも、死亡事故が起こっています。

たとえば、2016年3月11日、東京都中央区にある事業所内保育所で、1年2か月の男の子が亡くなりました。男の子は入園25日目で、午睡の時間によく泣くからほかの子が起きてしまうという理由で、1人だけ別室に入れられてうつぶせで寝かされ、約2時間半放置されている間に亡くなりました。東京都は、本件事故による特別立入調査を実施するまで、同園の開設からほぼ5年間も立入調査を行っていませんでした。

「東京都教育・保育施設等における重大事故の再発防止のための事後的検証委員会」は、この事故に関する検証報告書において、以下のように述べています。

「本事例については、法人本部による園のサポート体制や職員の専門性の向上を支える体制が不十分である中で、

- 経験の少ない職員構成
- 園職員だけの閉じられた中で工夫して対応せざるを得なかった状況であったこと
- 職員が特に担当を決めずに全園児にかかわるという体制
- 低年齢児に対しては午睡対応も含めて丁寧さに丁寧さを重ねて保育をしなければならないという共通認識やリスクの意識の薄さ
- 入所後まもない当該児を集団から外して別室に寝かせる対応を園の方針とし、別室にいる当該児の様子を把握する体制が無かったこと
- ＳＩＤＳや窒息のリスクに関する知識、応急処置に関する知識・経験不足

などの問題点や課題が見られた。

本事例では、こうした要素が重なり合って事故に至ったものと推察する。」

せめて東京都による年1回の立入調査がきちんと行われていたら、少なくとも1人だけ別室にうつぶせで寝かせるという対応には、改善のための指導がされていたのではないかと思うと本当に残念でなりません。

事故後に朝日新聞やNHKが調査したところ、認可外保育施設への立入調査の実施率は、都道府県によって大きなバラつきがあることがわかりました。全国でもっとも低かったのは東京都でした。

厚労省の「平成27年度 認可外保育施設（届出対象施設）に対する立入調査の実施状況」を見ても、すべての認可外保育施設に立入調査をしている都道府県もある中、東京都はベビーホテルの26%、その他の施設の2%しか立入調査を実施していませんでした。しかも、立入調査の所管課の人員が強化された平成28年度でも17・7%の実施率にとどまっています。立入調査をした施設のうち73・3%の施設で文書による指摘事項がありました。

大切な子どもを預ける保育園や幼稚園を選ぶとき、子どもの命が守られる安全な保育が提供されること、そのことに安心感を持てることは言わずもがなの大前提で、もしかすると意識にすらのぼっていないかもしれません。しかし、残念ながら、実際には以上のように「子どもの命が守られる」という大前提は、必ずしも当たり前ではないといえるでしょう。

４ 重大事故をなくすためにできること

では、大切な子どもの命を守るために、どうしていくべきなのでしょうか。すでに明らかになっているリスクに手当てをすること、行政が保育の質を底上げすること、法的裏づけのある報告と検証を行うことなど、次のような取り組みが必要ではないかと私たちは考えています。

（１）１歳児の保育士配置基準の見直し

先に紹介した東京都中央区の事業所内保育所での死亡事故に関する「東京都教育・保育施設等における重大事故の再発防止のための事後的検証委員会」の検証報告書では、以下のような指摘がされています。

「（専門家ヒアリングによる意見）

● 保育施設における０歳児の睡眠中の突然死発生数を０歳の園児１、０００人に対する割合を求め、出生1、000人に対する1歳未満乳児突然死発生率と比較すると、保育施設での発生率は全国のそれより下回っている。

●しかし、同様に保育施設における1・2歳児の睡眠中の突然死発生率を同様に求め、日本全体で発生する1・2歳児の突然死数を1・2歳児人口1、000人に対する割合と比較すると、保育施設での発生率が日本全体のそれを上回っている。

●1歳未満のお子さんの日本の突然死の数を、0歳児の認可保育所、認可外保育施設を合わせた園児数で割って、園児1、000人あたりどのくらい起こるかというような形で出すと、明らかに日本全体よりも保育施設の方が0歳児は少ないが、1、2歳児は保育施設の方が日本の統計よりもはるかに高い。

●また、登園初期の発生率が非常に高い。」(傍線は著者)

1・2歳児の「突然の予期せぬ死亡」の発生率が、全国平均より保育施設のほうがはるかに高いというのは、衝撃的な事実ではないでしょうか。その原因が何なのか、政府は調査して解明すべきだと思いますが、現時点でわかる範囲で、0歳児と1・2歳児の違いに着目して、変えられる点を検討してみましょう。

まず、客観的に日本の保育施設における0歳児と1歳児のもっとも大きな違いは配置基準です。0歳児は3人につき保育者1人の配置であるのに対し、1歳児は6人につき保育者1人とされています。

発達段階を考えると、0歳児に比べて1歳児は慣れ親しんだ大人と離れた際の分離不安が強く、激しく泣くことが多いということが挙げられます。激しく泣けば、心拍数の上昇、発熱、発汗、呼吸数の上昇などの身体的変化が起こります。このような状態の1歳児を泣きやませるために、抱っこして子どもと向き合ってくれればよいのですが、1人の保育者が1歳児6人をみなければならない状況の中で、手が足りずにうつぶせに寝かせてしまっている施設もあります。厚労省の「仰向け寝」キャンペーンが始まった1998年以降、0歳児の突然死が減ったのと同様に、1歳児の突然死も減っているのです。1歳児の分離不安による「泣き」に、うつぶせ寝で対処するのではなく、「泣き」という子どもの言葉にならない訴えに応答的にかかわれるだけの人員配置が必要です。

また、1歳児は生まれ月や個人差、家庭での過ごし方によって、一人ひとり身体能力も睡眠リズムや食事などの生活習慣も違います。一般的には離乳食を終えて完了食に移行する時期ですが、まだ嚥下機能（認知→咀嚼→嚥下）が弱く、誤嚥事故も多いという特徴もあります。

ですから、食事の際、保育者は「早く食べ終わらせて早く寝かせなくては」と考えるのではなく、子ども一人ひとりの発達段階に応じた、ちょうどよい大きさ・固さ・タイミングで食べ物を口に入れて、咀嚼して飲み込むまでを見守れる心と時間の余裕が必要です。

つまり、子ども一人ひとりの発達の違い、個性の違いを尊重し、安全に保育するためには、現行の1歳児6人あたり保育士1人では足りないのです。自我が出てくるぶん、0歳児以上に手間がかかるのが1歳児。保育士の配置基準を0歳児同様に1歳児3人あたり保育士1人にすべきではないでしょうか。

前述のように実際に新潟県や栃木県などでは県の補助で3対1の配置を実現しています。それによって、安全性の確保、保育士の多忙感・疲弊感を軽減し定着率を高め、保育の質の向上にもつながるのではないでしょうか。

（2）すべての施設に立入調査と指導を

先に述べたように、立入調査が実施されていない施設が多すぎます。

東京新聞によると、東京都は認可外保育施設への立入調査を、年間に全施設の18％程度しか実施しておらず、平均すると4～5年に1回しか立入調査が行われていませんでした（東京新聞２０１６年９月７日）。東京都は、２０１６年３月に起きた事業所内保育所の事故をきっかけに、すべての認可外保育施設に年１回程度の立入調査ができるように体制を整備するとしていますが、道半ばです。

一方、立入調査が実施されていたとしても、保育事故につながるような重要な事項に違反している施設に対して、適切に改善命令、事業停止命令、閉鎖命令が行使されなければ、子どもの命を守ることになりません。

２０１６年３月16日、東京都大田区にある認可外保育施設で、生後６か月の女の子が、登園したときと同じ厚手のダウンのカバーオールを着せられたまま５時間放置され、心肺停止で発見されました。この施設は何年も連続して、保育士有資格者がいない、職員が１人で勤務している時間があるなどの体制の不備が指摘されていましたが、自治体から改善命令や事業停止命令が出されることはなく、漫然と営業が継続されていた中での死亡事故でした。

認可外保育施設での死亡事故が、保育施設での死亡事故の７割を占め、特に睡眠中のうつぶせ寝死亡が多くなっています。これを根絶するためには、うつぶせ寝の危険を周知するとともに、子どもの「泣き」をきちんと受け止め、うつぶせ寝にさせないスキルを普及させるとともに、監督権限を持つ行政が、事前予告のない抜き打ち立入調査を行う必要があります。うつぶせ寝放置や保育者不足を発見したら直ちに改善を求め、改善ができなければ事業停止命令をかけるなど、厳しい対応をとることでしか、実現できないでしょう。

２０１１年２月、さいたま市の認定ナーサリーで、１歳７か月の女の子が午睡途中で目覚めた際、うつぶせに寝かされ、頭に布団を被せられて亡くなりました。遺族であるお母さんが再発防止を願って、さいたま市に午睡時間帯の抜き打ち立入調査を申し入れました。さいたま市はこれを受け止め、２０１２年から、管内の認可外保育施設へ午睡時間に抜き打ち立入調査を実施することをアナウンスするとともに、実際に抜き打ち立入調査を実施しました。その結果、２０１２年度には41％の施設で午睡時の保育態様についての指摘事項があったのが、２０１５年度には指摘事項のある施設は15％まで減少したというのです。このように、いつ抜き打ち立入調査があるかもしれないという緊張感のもとで安全な睡眠環境が担保されるのであれば、それは子どもの命を守る行政の役割として正しいあり方なのではないでしょうか。

（３）法的裏づけのある報告の義務化、チャイルド・デス・レビュー

子どもを預かる施設の形態、事故の際の過失の有無、事故か病気かなどの原因にかかわらず、すべての施設への救急車の出動情報を、漏れなく自治体に報告するよう法律で義務づける必要

があると思います。そして同様に法律を制定して、死亡原因と再発防止策の検証を確実に行うよう義務づけるべきです。

その際、あらゆる施設・事業（幼稚園でも保育園でも認定こども園でも小規模保育施設でも認可外保育施設でも、公立でも私立でも、保育ママやファミリーサポート事業でも）を対象にすることが大切です。また、保育が公共政策であることや事故防止の観点からすれば、遺族の意向にかかわらず、検証が実施されることも重要です。事故直後は混乱の中で「そっとしておいてほしい」と述べても、後日、「あのときちゃんと調べておけば」と後悔している遺族が大勢いるのが現状です。また、遺族の意向で検証するかどうかが決まってしまうのであれば、事業者がお金を積んで遺族に検証を希望させないことすら可能になってしまうからです。

こうして予期せず子どもが亡くなった場合の事故状況を確実に報告し、データ化したうえで専門家が検証し、再発防止のために現場にフィードバックすることは、事故防止に必ず役立つでしょう。

欧米の多くの国には「チャイルド・デス・レビュー（Child Death Review＝CDR）」といって、18歳未満の子どもの死亡事故について死亡原因を調査し、再発防止策につなげる仕組みがあります。法医学者または監察医、救急、警察、地方検察庁、児童相談所、医療機関、小児科医または他科の医師など、その死亡事例に関係する情報を持っている人たちで構成され、あらゆる情報を持ち寄って、死亡に至った原因を解明し、再発防止につなげます。

日本で始まった教育・保育施設における重大事故の検証委員会には、ほかの機関が持っている解剖結果などの重要な情報を入手する仕組みがありません。このため保育プロセスに着目して改善点を探るにとどまっており、隔靴掻痒《かっかそうよう》の感を否めません。日本でも、チャイルド・デス・レビューを法制化することが必要です。

（4）無過失補償保険の適用拡大

不十分ながらもスタートした教育・保育施設における重大事故の検証制度ですが、その実効性を上げるには、保育施設側の責任回避的行動を抑制し、事故が発生した当時のありのままの状況を把握することが必要です。

そのための助けになるのが、独立行政法人日本スポーツ振興センターの災害共済給付制度でしょう。民間の施設賠償責任保険と異なり、施設側の法的責任の有無にかかわらず支払われる無過失補償の額が大きいのが特徴です。施設管理下の事故による障害であれば、最高３７７０万円までの補償があります。

この「法的責任の有無にかかわらず支払われる」という点が重要です。民間の保険では施設側に法的責任（過失・結果・因果関係）がなければ、わずかな見舞金しか支払われませんが、この共済給付制度では施設側に過失があってもなくても、過失行為と結果との因果関係の立証がなくても手厚い補償があります。事故の真実が解明しやすいといえるでしょう。

従来は、学校と幼稚園・認可保育所のみが対象とされていましたが、２０１５年４月からは「子ども・子育て支援新制度」の枠内の施設・事業が対象となり、２０１７年４月からは一定の基準（保育者の配置基準における保育士等有資格者比率が60％以上など）を満たす認可外保育施設も対象となりました。たとえば、保育士の資格を有しない者のみで保育する小規模保育C型（14ページ参照）や家庭的保育事業も含まれます。

他方で、認可外保育施設指導監督基準（保育士有資格者比率３分の１以上）を満たしているのみの施設や、居宅訪問型保育事業（ベビーシッター等）、ファミリーサポート事業などによる保育は、災害共済給付制度の枠外に取り残されています。保育施設での重大事故は、認可外保育施設でのほうが発生率は高く、すべての子どもたちを等しく保護するという意味で災害共済給付制度のさらなる拡大が必要です。２０１７年３月の衆議院文部科学委員会の決議で、「今後２年程度のうちに認可外保育施設等への適用拡大を検討すること」とされています。

現在、どんな幼稚園・保育園に通わせるかによって、事故が起きた際の補償についても階層化している現状があります。このダブルスタンダード、トリプルスタンダードの状況を排し、企業主導型保育や小規模保育B型（14ページ参照）の要件である保育士有資格者比率50％以上でなければ保育施設・事業を認めず、保育士無資格者のみで他人の子どもを仕事として預かることを禁止し、すべての保育施設・事業が無過失補償の対象となるように基準を統一するべきではないでしょうか。

（5）重大事故を起こした施設の公表

保護者が自分の子どもを預ける園を探す際に、重大事故が起こった個別具体的な園の名前を確認しようとしても、事故当時のマスコミ報道以外では確認しようがありません。また、インターネット対策で情報が消されてわからなくなっている場合も多々あります。幼稚園・保育園に関するクチコミサイトでは、施設のおすすめポイントやよかった点などを共有する場であるとして、事故情報は掲載が承諾されない場合もあります。

つまり、保護者はネガティブ情報を得ることも、ネガティブ情報も踏まえて施設を選ぶこともできにくい状態です。

たとえば、イギリスで保育を提供する団体や個人は、すべてオフステッド（OFSTED：教育水準監査局）という政府の独立機関である教育監査機関に登録し、その監査を受けなければなりません。監査基準を満たしていない施設には改善命令が出され、それに従わなければ、あるいは改善してもレベルを満たしていなければ、すぐに閉鎖命令が出ます。そして、オフステッドのホームページで検索すれば、誰でもすべての団体および個人に関する監査のレポートを見ることができます。また、預けている保護者へのアンケートの結果も見ることができます。保護者たちはこういった情報をひとつの判断材料として保育施設を選んでいます。

日本でも、認可外保育施設への指導監督の内容をホームページで公開している自治体もありますが、立入調査時の改善指導の内容まで公開している自治体は少数です。すべての情報を一元的に検索して確認できるようになれば、保護者が施設や個人の保育内容を確認できるようになります。特に重大事故が起こった施設では、重点的に特別立入調査が実施されますので、その内容が公開されていれば、どのような問題があったのか、以降どのような改善・取り組みをしているかを保護者が把握できるようになります。積極的に情報が開示されたほうが、重大事故に対する真摯な取り組みを促すことができ、新たな信頼を築くことにもつながっていくのではないでしょうか。

5 非常時の対応について

子どもたちの安全を守るためには、日頃から非常時の対応を準備しておくことも必要です。不審者の侵入や火事への対応も必要ですが、何より日本は地震大国なので地震への備えも重要なことでしょう。

ところが、保育施設における配置基準は、保育者1人につき、0歳児は3人、1・2歳児は6人、3歳児は20人、4・5歳児は30人。幼稚園では、満3歳以上であれば年齢の区別なく、幼稚園教諭1人につき35人までです。この人数を連れて避難することは可能でしょうか。

一方、非常時に、子どもが大人の指示に従って避難できるようになるのは何歳からでしょう。0歳はもちろん1歳前半は自力で歩いて避難することさえ不可能で、3歳までの子どもも先生の指示を正しく理解して避難するのは困難でしょう。4、5歳になってやっと、日頃から訓練しておけば、保育者の指示に従って避難行動がとれるだろうと思います。地域の手を借りようと、普段から地域と提携して避難訓練を行っている保育施設もあります。

地震、火事、不審者の侵入など、いくつかの場面を想定して具体的計画を立て、これに対する定期的な訓練を実施することが必要です。「児童福祉施設設備運営基準」「認可外保育施設指導監督基準」「家庭的保育事業等設備運営基準」によると、特に避難および消火等に関する訓練は、月1回以上行うことが求められています。一方で、幼稚園・幼稚園型認定こども園は、学校保健安全法の適用となり、避難訓練は年2回以上実施すればよいことになっています。これは少なすぎないでしょうか。

子どもを預かる施設の人たちが、決して忘れてはならないのが、東日本大震災のとき、石巻市の日和幼稚園（現在は休園）の5人の園児たちが園バスの中で亡くなった「事件」です。

園児たちは、津波が原因で亡くなったのではありません。園バスは、石巻の市民の多くが避難したという高台にある日和幼稚園から、大津波警報が出ている中、海のほうに下りていきました。そして、幼稚園のふもとの坂を少し上がった地点で渋滞に巻き込まれて停車していたところ、津波に遭ったのです。津波により破れた窓から投げ出された運転手は、バスに子どもを残して園に戻り、わずか250mの距離の被災場所を園長や職員に正確に伝えませんでした。そして、園長や職員もバスの場所を問うこともなく、探すこともないまま、子どもたちは園バスごと置き去りにされました。その後、海から流れてきた油に火が付き、辺りは大火災になって園バスにも火がつき、バスに残されていた子どもたちは焼死したのです。一晩中「助けて、助けて」と叫ぶ子どもたちの声を聞いたという人が大勢いました。

地震から3日後の3月14日、子どもたちの遺体を発見したのは、園から何も教えてもらえず、必死で子どもたちを探していた保護者たちでした。

幼稚園の対応には震災の前後の両方で問題がありました。まず、何度も津波に襲われている地域にありながら、震災前の園の防災意識が極めて低かったことです。平成18年9月13日に宮城県総務部私学文書課から会計監査を受けた際、学校安全計画を策定していないことを指摘され、文科省が発行した「生きる力をはぐくむ学校での安全教育」と題する冊子の送付を受けたことなどから地震対応マニュアルを策定しました。そこには「地震の震度が高く、災害が発生する恐れがある時は、全員を北側園庭に誘導し、動揺しないように声掛けして、落ち着かせて園児を見守る。園児は保護者のお迎えを待って引き渡すようにする」と定められていました。

しかし、園長と主任教諭以外は、マニュアルの存在をまったく知りませんでした。

大津波警報が出ている中、園長は石巻でも安全な海抜23mの日和山にある幼稚園から海側へ下るバスを出発させました。園バスには海沿いをまわる2便と山側をまわる3便がありましたが、普段から3便の子たちは、保護者に知らされずに2便と一緒にバスに乗せられていたことがわかりました(そのぶん保育時間は短くなります)。亡くなった園児はみな、海から遠い山側の3便の子たちでした。2便のバスに一緒に乗せられていなければ、津波に遭うこともなかった園児たちです。幼稚園には、日頃から早く子どもたちを園から出してしまうことで保育時間を短くしたい、という意識がなかったでしょうか。また、震災直後、非常時は子どもたちを保護する責任を早く保護者に引き渡すことで手放したい、という意識がなかったでしょうか。

さらに津波に遭った後も、少なくとも運転手が園に戻ってきたときに、子どもたちの安否とバスの場所を確認して助けに行けば、子どもたちは助かったかもしれません。ところが、園長以下、誰もバスの場所を確認せず、迎えにきた保護者にもバスの場所を伝えませんでした。

園は「マグニチュード9・0という巨大地震を予見することはできなかった」「津波は予見できなかった」「一刻でも早く園児を保護者の元へ送迎して園児を安心させたかった」などと主張したため、遺族は裁判を起こし、園側の責任について争うこととなりました。

裁判は、一審の仙台地裁が園長と学校法人には情報収集義務の懈怠《けたい》(義務の不履行)があったとして過失責任を認定し、二審の仙台高裁で和解となりました。高裁の裁判長は「園側が、被災園児らの死亡について一審判決で認められた内容の法的責任を負うことは免れがたい」として園の法的責任を認め、「今後このような悲劇が二度と繰り返されないよう、訴訟終了後も被災園児らの犠牲が教訓として長く記憶され、後世の防災対策に活かされるべき」と述べました。

保護者は特別なことを望んでいたわけではありません。遺族が裁判の後に発行した冊子『私たちの命を無駄にしないで～悲劇を繰り返さないために』の中に、「私たち遺族は幼稚園にただ当たり前のことを当たり前にしてほしかったのです」とあります。「子どもたちの命を、私たち親はその場にいる先生方に託すしかできないのです。（中略）どうかどうか、教育現場や保育現場にいる方はどんな状況でも子どもの命を最優先に考え、行動してほしいです」。

「子どもたちの命を守る」という言葉には、「一人ひとりを受け止め、愛情深く育てる」という意味もありますが、文字通り「生命を守る」ことも含まれます。幼稚園は単なる教育機関ではなく、大前提として社会の中で大切な子どもたちの「命を守る」場所であるはずです。

結局、防災や事故防止で問われるのは「日常」のあり方です。地域や立地によって、地震にともなう津波・土砂崩れ・火災、台風や豪雨による高波・増水など、起こりやすい自然災害には違いがありますし、施設の建物の高度・強度・侵入への防御のしやすさなども異なります。だから、国や都道府県や市区町村のマニュアルはありますが、そのままでは使えません。それぞれの場面で具体的にどのように被害の拡大を防ぎ、避難するのかは、各施設で個別具体的に計画を立てる必要があります。各施設の条件に応じてカスタマイズする必要があるのです。

防災計画の策定に当たっては、防災備品のピックアップ（おんぶ紐、避難車、粉ミルク、水、非常食、おむつ、着替えなどが子どもの施設ならではの必要なものでしょう）、地域の安全マップの作成（自治体のハザードマップや、地理的な特徴による危険個所、避難場所を確認して複数の避難経路を決めておく）、保護者との連携（連絡手段の共有、避難場所や引き渡しルールの共有）、地域との協力関係（低年齢児が多い施設では、町内会や近隣の事業所など、昼間に近くにいる人たちと日頃から顔の見える関係を築いておく）などを検討します。

そのうえで時間帯や条件を変えて、月に１回程度は訓練をして、実際に防災計画通りに動けるかを確認していく必要があります。想定していなかった点に気づくたび、防災計画を改定していきます。何度も訓練することで、いざというときにも自然と体が動くようになるでしょう。

ちなみに、東日本大震災の際に、認可保育所で子どもが亡くなったのは１施設だけでしたが、保護者に引き渡した後に亡くなったり行方不明になったりした子どもは１１１人に上りました。従来の「非常時は保護者に」という常識から、「保護者も一緒に避難を」と考えを改める必要があるのかもしれません。

また、普段から園長が支配的でないことも重要です。職員に自発的に動くことを禁じている職場では、万が一のときにも保育者各自が機転を利かせて動くことは不可能だからです。

column 4

園での事故、多いか少ないか

本章を読み終えた方の中には、「保育施設に預けるのが怖くなった」という方もいるかもしれません。あるいは、「そうはいっても、保育園のほうが安全。家庭のほうが事故は多いから」という声も聞こえてきそうです。実際のところ、どうなのでしょうか。

以前は、保育施設での重大事故が把握されていなかったので「わかりません」としか言えなかったのですが、2009年から厚労省が「保育施設における事故報告集計」を公表するようになり、そのデータをもとに、保育施設と家庭との「突然の予期せぬ死亡」の発生率について調べてくれた医師がいます。

その報告によると、0歳児では、日本全体の「突然の予期せぬ死亡」の発生率に対して、保育施設での発生率はおおむね35～55%程度で、保育施設のほうが安全といえるでしょう。他方で、1・2歳児では、日本全体に対して保育施設での発生率は1.25～2.45倍ほど高いということで、1・2歳児に関しては家庭よりも保育施設のほうが危ないという、驚くべき事実が明らかになりました（「安全で安心な保育環境の構築に向けて」小保内俊雅他、日本小児科学会雑誌121巻7号1224～1229.2017年）。

そもそも、保育施設は、他人のお子さんを「業務として」預かる仕事です。もちろん現場の保育士さんたちや保護者のみなさんは、「業務として」などと言われると冷たい印象を受けてしまうかもしれません。これは、法律上は、「家庭で自分の子どもを育てるよりも、より高度な安全に対する配慮が求められますよ」ということを指しています。たとえば、物の管理でも、自分の物なら壊れようと埃をかぶろうと適当にうっちゃっていても自分の勝手ですが、他人の物を預かる場合には、責任を持って預からなければなりません。ましてや子どもの命をお預かりするわけですから、保育施設のほうが、家庭よりも安全でなければならないのです。したがって、保育施設で他人のお子さんを預かる以上は、0・1歳児のうつぶせ寝や、3歳未満児の誤嚥、水の事故、食物アレルギーなど、予測できる危険に対して、子どもの発達に関する専門家として、一般の保護者よりも高度な配慮が求められます。

このように、年齢や施設の種類によっては「家庭より保育園のほうが安全」だとしても、だから対策を講じなくてよい、ということにはなりません。防げる事故は防ぐ、そのために最善の努力をすることが、保育施設には求められているのです。

第4章

保護者にできること

1 子どもにとってよい園なのかをチェック

今の時代、インターネットで近隣の幼稚園や保育園を検索すれば、施設からの発信、行政からの発信、利用者からのクチコミなど、一定の情報が集められます。

でも、ちょっと待ってください。先にも述べたようにインターネット上の情報は、操作しようと思えば、いくらでもできます。保育施設開設のコンサルティング会社に素晴らしい保育理念をうたうウェブサイトを作ってもらうことも、そのウェブサイトがインターネット検索で上位に表示されるようにするSEO（Search Engine Optimization）対策も、ネガティブな情報を消すためのサービスも、お金を払えば手に入ります。

ウェブサイトに記載された素晴らしい保育理念を現実に実行できるか否かは、一人ひとりの保育者にかかっています。特に急速に施設の数を増やしている法人では、施設長をはじめ核となる職員の確保に苦労しているところも多く、ウェブサイトやパンフレットでうたっている保育を本当に実践できているかどうかはわかりません。

ですから、インターネット上で基本情報を収集することはよいとしても、実際に施設に足を運んで、人や環境を吟味することは必要不可欠です。まずは見学に行きましょう。そして、実際にその施設で働いている人から話を聞いて、保育者や子どもたちの様子を見てみましょう。

初めての子育てで保育施設のどんなところを見たらよいかわからないという方のために、死亡事故が起きている保育施設の特徴から、チェック項目を挙げてみます。なぜなら、建物がきれいというだけでは安全な保育施設とは限りません。もちろん物が散乱していたり、床が不潔だったりという施設は論外ですが、きれいでも「事故」が多発している園もありました。

たとえば、22年間で21件の死亡事故を起こしていた「ちびっこ園」グループは、新しくてかわいらしいデザインの施設で営業されていました。虐待が行われていた香川県の「小鳩幼児園」はウッディな施設と広い庭がありました。同じく虐待が行われていた宇都宮市の「託児室トイズ」も、大理石のエントランス、白い床と壁にアクセントでパステルブルーやパステルピンクの建具や家具が使われていました。建物の雰囲気だけでは判断できないのです。

なお、ここに挙げるポイントに反している施設が、すべて悪い施設だというわけではありません。あくまでも死亡事故が起きている保育施設の特徴から出したチェックポイントであることをご理解ください。

（1）全般的に注意したい点

（ア）保育室を見せてくれるか

死亡事故が起こっている保育施設に共通している最大のポイントが、保育室内を見せないことです。見せない理由として、施設側からしばしば挙げられるのは、①防犯上の観点から部外者は入れない、②乳児を預かっているので衛生上の観点から入れない、③忙しい保護者の手を煩わせることなく玄関でお子様とお荷物をお預かりする（親へのサービス）などです。

しかし、近年、幼稚園・保育園の業界では保育内容のレベルアップのために保育を公開し、第三者の目からコメントをもらって自園の保育を振り返る機会にする方法がスタンダードになりつつあります。第三者に保育を見せないのは、保育内容のレベルが低いのを隠しているのかもしれません。ましてや保護者に見せないとなると、宣伝文句とは違って保育内容や給食、保育士の人数や能力の不足を隠すなどの意図がある場合もあります。

（イ）日本スポーツ振興センターの災害共済給付への加入の有無

独立行政法人日本スポーツ振興センターの災害共済給付は、保育施設の法的責任の有無にかかわらず、後遺障害等級１級だと最大３７７０万円の補償が出ます。民間の一般的な施設賠償保険では無過失補償部分は300万円程度ですから、雲泥の差です。もちろん法的責任がある場合に備えて、民間保険にも入っていることが望ましく、片方だけ入っていればいいというものではありません。万が一の事故は起こってほしくないものですが、「うちでは起こらない」「うちは大丈夫」と言って十分な保険に入らないような経営者は、安全対策も疎かになりがち。反対に「万が一、起こるかもしれない」という思いで安全対策に真摯に取り組む施設は、保険も遺漏なきように入っているものです。入っているかどうかを確認するとともに、新たに加入する際は保護者の同意が必要になりますので、積極的に同意しましょう。

（ウ）認可外保育施設の立入調査の結果

原則として、認可外保育施設に対して1年に1回以上、指導監督権限を有する自治体（原則は都道府県、政令市。県条例で市町村に権限委譲しているところもある）が立入調査を行うことになっています。この立入調査で、認可外保育施設指導監督基準を満たさない施設に対しては口頭または文書で指摘事項が示され、約1か月程度の期間内に改善して報告することが求められています。この立入調査の結果をウェブサイトに掲載する自治体が増えてきていますので、チェックしてみましょう。なお、自治体によって公表の仕方は様々で、指摘事項の有無、内容まで詳細に公表している自治体もあれば、「認可外保育施設指導監督基準を満たす」という項目に○か空欄かという簡単な表示の仕方をしている自治体もあります。さらに、「○」がついていても、じつは指摘を受けて改善したのか、もともと基準を満たしていたのかがわからない自治体がほとんどです。不十分な情報開示しかしていない自治体に対しては、詳細情報を載せるように依頼してみてください。一人ひとりの住民の行動から自治体は変わります。

(2) 睡眠関係で注意したい点

(エ) 仰向け寝にさせているか

「保育所保育指針解説」や「幼保連携型認定こども園教育・保育要領解説」にも記載があり、保育者であれば誰しもうつぶせ寝の危険性を知っていなければなりません。仰向け寝は必ず実行すべきことです。ところが、未だにうつぶせに寝かせて死亡事故を起こす保育施設が後を絶ちません。寝ついたら仰向けに戻せばよいと思っている施設もあるようですが、それでは事故を防げないのです。

真剣に仰向け寝を徹底している保育施設では、寝つくまで抱っこしてから寝具に下ろしたり、寝具に寝た状態で足を高くして（そうすると両肩が敷布団に着きます）足をさすってあげたり、家庭でも仰向け寝にするよう保護者にお願いしたり、様々な工夫がなされています。初めて預けるとき、休み明け、ちょうど寝返りができるようになった時期など、保護者がひと言「うつぶせ寝にならないようにお願いします」と声をかけるのもいいでしょう。

(オ)午睡中も常に見守り続けているか

午睡中に子どもが折り重なって窒息する事故を防ぐためには、保育室に常に保育者がいて、子どもたちを観察する必要があります。事故防止ガイドラインにも、「子どもの数、職員の数に合わせ、定期的に子どもの呼吸・体位、睡眠状態を点検すること等により、呼吸停止等の異常が発生した場合の早期発見、重大事故の予防のための工夫をする」ことが書かれています。2018年4月から施行された「保育所保育指針解説」にも書き込まれました。

保育施設では、子どもたちの午睡の時間帯に、職員が交代で昼休みをとったり、連絡帳を書いたり、ミーティングをしたりしています。それらのタスクの中に、保育室で子どもを観察する役割を前もって組み込んでおかなければ、保育室に保育者が不在の時間が生まれてしまうでしょう。このような対策をとっていない施設は、安全意識が低いと言わざるを得ません。

（カ）午睡中も部屋は明るいか

午睡中に定期的に子どもの呼吸・体位、睡眠状態を点検することが、事故防止ガイドラインで求められています。顔色（チアノーゼになっていないか、発熱していないか）や呼吸状態は、部屋が暗いと確認できません。子どもの顔色や呼吸状態の観察を丁寧に行っている保育施設は、部屋の明るさを保っています。カーテンを閉め切って電気を消し、子どもの顔色が見えないほど暗くしている保育施設は、本当に観察を行っているか疑ったほうがよいでしょう。

（3）給食やおやつで注意したい点

（キ）1、2歳児の給食時に保育者の加配があるか

保育者は、子どもの嚥下の未熟さを補うために、子どもの口元を見ながら、口に入れる量や大きさはちょうどいいか、丸飲みせずに咀嚼しているか、喉に詰まらせることなく嚥下して口の中が空になったかを見届けて、次の食べ物を口に入れるよう見守る必要があります。

特に離乳食から普通食に移行する頃には、子どもは手づかみも含めて自分で食べたがるようになるので、この「自分で」という意欲を大切にしようとすると、配置基準通りの6人の1歳児を、1人で安全に食事するよう見届けることは極めて困難です。多くの保育施設で、特に1

歳児の食事の際には6対1ではなく、保育者の配置を手厚くしているのはこのためです。

(ク) 保育者と調理担当者は別の人か

特に認可外保育施設では、保育者が調理担当者を兼ねていることがあります。すると、子どもの発達段階にあった食べ物の固さ、大きさでテーブルに出すという知識がない場合もあるでしょう。また、ただでさえ食事介助の時間帯は配置基準通りでは目と手が足りないのに、本来、保育にあたるべき員数に数えている保育者が、調理や午睡用の布団敷きや食器洗いなどに従事してしまうと、実質的に子どもをみる保育者が少なくなってしまう事態も生じます。

(ケ) 給食のサンプルが見られるか

死亡事故が起きた認可外保育施設のいくつかでは、給食の献立は立派なメニューが示されていたものの、実態は大人用のコンビニ弁当を温めて分けて出していた、施設経営者家族の前日の夕食の残りをタッパーでグチャグチャに混ぜて提供していた、といったケースがありました。

保育所を含む児童福祉施設等では、「大量調理施設衛生管理マニュアル」(平成9年3月24日衛食第85号 厚生省生活衛生局長通知別添)に基づいた衛生管理体制を徹底すること、各調理工程の標準作業手順に基づき作業を進め、原材料・温度・時間等を確認し記録することとされています。その日の給食のサンプルが展示されているか、給食を各品50ｇずつ2週間保管しているか、などを聞いてみるとよいでしょう。

(4) 職員間の関係で注意したい点

(コ) 保育の有資格者「保育士」が多いか

死亡事故が起こった施設への自治体の過去の立入調査の結果報告書を見ると、保育士などの有資格者数が少ない、またはいないなどの指摘が繰り返されているケースがままあります。自治体の立入調査に基づく指摘事項は、1か月程度の期限で改善報告をするよう求められることが多いのですが、毎年、保育士不足の指摘が繰り返されるということは、指摘を受けても有資格者を雇い入れていない、雇い入れても有資格者が継続勤務していないことを意味します。また、2017年5月22日付の東京新聞によると、東京都が2015年度に立入調査した認可外保育施設のうち106の施設で指摘事項があり、そのうち40の施設が「保育者の三分の一以上は保育士などの有資格者」「複数の保育者で子どもを見る」など安全に直結する項目や、火災時などの避難設備に関する項目が未改善のまま運営を継続していたとのことです。

（サ）経験豊富な保育者がいるか

死亡事故が起こっている施設で共通して見られるのが、経験が浅い保育者しかいないということです。経験が浅いということは、子どもの発達についての知識が表層的であったり、大人から見ると困る子どもの行動（泣き続ける、指示に従わないなど）に対処するスキルの蓄えが少なかったりするということです。すると、精神的にも余裕がなく、子どもに強く命じたり、子どもの口を無理やり押さえてこじ開けて給食を詰め込んだり、子どもを無理やりうつぶせに寝かせて毛布や布団をかけて声が漏れないようにしてしまったり、という危険な行動につながるかもしれません。クラスに１人でも経験豊富な保育者が入ると、子どもの「困った行動」は理解可能なものになり、心の余裕も生まれるかもしれません。

（シ）保育者の入れ替わりが少ないか

保育者の入れ替わりが激しく、職員が定着しないということも、死亡事故が起こっている施設で共通して見られる特徴です。入れ替わりが激しいということには、何らかの原因があるはずです。それは人手不足で忙しすぎるということかもしれませんし、給与や休暇についての待遇が悪い、パワハラがあるということかもしれませんが、いずれにせよ、子どもとの愛着形成にも、チームワークをはかるうえでも、よくないことです。

（ス）常勤の保育士の割合が高いか

最近、複数の施設を運営する保育園でよく見られるようになっている現象ですが、保育士の配置基準を満たすために、その日の朝、常勤の保育士の数が足りない施設に保育士を派遣するところが目につきます。日替わりで来る保育士は、その施設の正規職員の指示がおかしくても反論することは難しいでしょうし、一人ひとりの子どもの癖や過ごしやすさといった特徴を把握して保育をすることも困難でしょう。子どもの側も、見知らぬ人にストレスを感じ、安心して過ごせず激しく泣く原因にもなります。

（セ）保育者同士が明るくチームワークがいいか

保育者同士の関係や仕事がうまくまわっていない場合、働いている保育者の表情にも溌剌さや明るさが感じられず、暗い表情になりがちです。園内の雰囲気も殺伐とします。

また、大勢の幼い子どもたちの命と安全を守るためには、職員相互のチームワークが重要です。そこかしこに誰が見ているかわからない子どもがいる状態、職員同士の声かけが見られない状態、あるいは給食室と保育室の連携が取れていない状態などは危険信号です。子どもの様子をきちんと見られないかもしれません。

(ソ) 現場の保育者が自主的に行動できているか

経営者(理事長・園長など)の上意下達で、保育者が自分自身の頭で考えて意見を述べたり判断したりすることができないというのも、死亡事故が起こっている保育施設の特徴です。園長が「人聞きが悪い」と言って救急車を呼ばなければ、助かる命も助からなくなるかもしれません。これ以上の数の子どもを受け入れるのは無理だと思っても、経営者が「入園拒否は禁止」と言えば、従わざるを得ないかもしれません。このような保育施設では、良心的な保育者から退職していきます。園長の説明が上手いだけでは、安全な保育施設かどうかはわかりません。普段からの園長と職員との関係性を見る必要があります。

(5) 環境

(タ) 清潔が保たれているか

きれいなだけでは安全とは限りませんが、不潔な園は危険です。乳幼児、特に3歳未満の子どもたちは何でも口にします。ハイハイしながら床に突っ伏したり、床に落ちているゴミでもおもちゃでも手当たり次第、口に入れたりしますから、清潔に保たれていることは重要です。口に入ってしまう大きさのおもちゃなどが散乱していたら、窒息死の危険と隣り合わせです。

（チ）絵本やおもちゃの状態はどうか

保育者は子どもがどこで何をしているかを常に把握する必要がありますが、子どもが遊びに夢中になる場面が多いほど、子どもの動静を把握しやすくなります。子どもが遊びに夢中になれる環境があるかという観点からは、絵本やおもちゃが適切に用意されているか、ということが意味を持ちます。絵本やおもちゃが真新しすぎて使われている気配がないなら、見学者に見せるために用意しているだけということもありえます。極端に汚れていたり、古いものしかない場合には、遊びの道具や環境に注意を払っていないことがうかがわれます。

（6）保護者との関係で注意したい点

（ツ）連絡帳に具体的なことが書かれているか

虐待が行われていた保育施設に共通に見られたのが、連絡帳が記載例をもとにした虚偽記載だったということです。実際に預かっている子どもの生活を記録するのではなく、午前中にその日の予定をこなす中での子どもの様子を「想像して」書いてしまっていました。「未来日記」ともいうべき虚偽の連絡帳を見抜くには何を見たらいいでしょう。ひとつは、抽象的な遊びや出来事しか書かれていない、ということが言えるかもしれません。一人ひとりの子どもを観察していたら、その子が関心を示したことや発した言葉や表情などが出てくるはずです。

(テ)応諾義務に対応しているか

認可保育所、認定こども園、公立の幼稚園には、定員超過で調整をしなければならない場合を除き、保育を必要としている子どもを受け入れる応諾義務があります。アレルギーがある、ぜんそくがある、落ち着きがないなどの理由で子どもを排除することはできません。応諾義務があるにもかかわらず、これらに対応できないのは、保育のレベルが低いのかもしれません。ただし、自分たちの受け入れられるレベルを自認して、子どもの安全を確保できる自信が持てないから断るというのは、誠実な態度と評価することもできます。きちんと対応できないのに「対応できる」と言って受け入れておいて、あとで「できなかった」では、子どもの命が危険に晒されます。

(7) 保育内容について注意したい点

(ト) カリキュラム

第1章で述べたように、「幼稚園教育要領」や「保育所保育指針」の中では「遊び」を大切にする主体的な保育をうたっています。そこから大きく外れて「〇〇式」「〇〇保育」など、特別な早期教育法や指導法を行っている園は、あまりに極端に走ると、一人ひとりの子どもの違いを認めず、その教育法や指導法のほうに子どもを押し込めようとする危険があります。ただの訓練主義の園もあります。その教育法や指導法が何に基づいているのか、どの程度取り入れられているのかをしっかり尋ね、一人ひとりの子どもの違いや、子どもの思いを受け止めて、対応する柔軟性を持っているかを注意深く見て、指導方針を質問するといいでしょう。

(ナ) 園外保育・お泊まり保育

自然の中での園外保育の際には、事前に下見に行き、子どもたちの食事、排せつ、遊びをどのように展開するのか、どれくらいの移動時間を要するのか、危険箇所はないのかなどを確認する必要があります。実際に下見をせずに、地図やガイドブックの情報だけで計画して連れて行くのは危険です。自然の中の山や川の状況は、日々変わっていくからです。

たとえば、特に危険が多いのは、川遊びです。川の流れや地形、川底の状況などは、大雨やがけ崩れなどで都度変わります。実際に現地に行って確認するとともに、地元の人に変わったことはないか尋ねるくらいの慎重さがほしいところです。

また、好天が続いた後と、悪天候が続いた後では、水の流れの速さも深さも異なります。実際に子どもたちを連れていく予定の日の何日か前からの天候や、当日の天候も含めて調べておき、条件が揃わない場合には、思い切って、あらかじめ用意しておいた代替プランに変更する、あるいは中止にする勇気も必要です。

川遊びを決行する場合にも、水に流された場合に備えて、ライフジャケットを子どもの人数分用意したり、遊ぶ予定の場所の周囲と少し下流にバックアップのためのロープを張ったりといった防護策も必要でしょう。川の水は冷たいので、ロープを張る人の交代ローテーションも決めておかなければなりません。このような綿密な計画と人の配置をできないのであれば、無理をして園外保育に連れて行かないほうがよいでしょう。保護者が体験メニューの豊富さにとらわれると、実力に合わない無理な行事計画で危険を冒すことにもつながりかねません。どうしてもやりたければ、地域の野外活動の専門家の協力をあおぐなど、日常の保育の実力に合わせた園外保育であってほしいところです。

こうして改めて気になる徴候をピックアップしてみると、一般の保護者が自力でこれらのチェックポイントを吟味することは極めて困難だと思います。

だからこそ、行政には、年1回以上の立入調査を、全園に対して、保護者に代わってしっかりと行ってほしいですし、基準を満たさない施設に対しては厳しく対処してほしいと思います。保護者も、地域住民として、行政に対して、待機児童解消だけでなく、悪い施設を排除することにも力を割くように働きかけてほしいと思います。量を確保することと同じくらい、質の低い施設を排除することも重要です。

ここに書いたすべてのことを入園申込前に確認することは難しいでしょうが、日常的に散歩の様子を見たり、見学や面談に行ったときに質問してみるのもひとつの方法です。

また、入園してからでも、上記のようなことでおかしいと思うことがあったら、率直に園の先生に質問してみてもよいでしょう。疑問をそのままにせず質問してみることで、保護者が気づいていなかった園側の配慮・意図が聞けることもあるでしょうし、逆に先生方に気づきの機会を提供する場合もあるでしょう。保護者からの質問に対して、率直に前向きに対応してくれるのか、合理的と思えない理屈をこねて正当化するのかによって、信頼できる施設かどうかが見えてくることもあるでしょう。

2 発達や健康の状態は正直に伝えよう

保育施設に入園する際の面接や、入園後の日々の連絡ノートなどで、正直にありのままの事実を告げること――これは保護者がすべき大事なことです。幼稚園や保育園の先生からの「評価」を気にして、よい親だと思われたい、頑張っていると思われたい、などの潜在意識から、ちょっと脚色してしまっていないでしょうか。もし、ちょっとでもドキッとした方は、ぜひ、本当のことを正直に告げるようにしてください。

(1) 子どもの体質や発達のこと

特にアレルギーや病気、発達の様子などは、子どもの命にかかわる事柄です。

まず、アレルギーに関しては、入園できないかもしれないと考えて「ない」と申告してしまうと、最悪の場合は命を失うかもしれません。また、離乳食で食べたことがない物を食べたと申告しないでください。初めての食べ物を保育園で与えることはできません。自宅で何度も食べて大丈夫だったもの、一度も食べたことがないものはきちんと記録しておきましょう。

発達障害の疑いについても同様に、正直に伝えましょう。たとえば、子どもの様子を細かく丁寧に伝えることで、子どもが落ち着いて過ごせる工夫・配慮や、子どもが突発的な行動をすることを念頭に置いた職員配置、療育センターとの連携なども検討してもらえるでしょう。自治体によって利用できる支援体制が異なりますので、どういう対応をしてもらえるか、確認してみてください。小さいうちに適切なサポートを受けられれば、子ども自身、自分が苦手な部分をカバーする方法を身につけてラクに生きられるようになるでしょう。安全も守られるし、発達を促すこともできるので、結局は正直に伝えたほうが子どものためになります。

(2) 病気・体調不良のとき

それから、病気のことです。働いていれば、母親でも父親でもどうしてもやらなければならない仕事があって、子どもの調子が悪くても無理にでも園に行かせたくなるときがあるかもしれません。でも、無理に登園させることは、子どものためにも保護者のためにもなりません。急に悪化して危険な状態になったり、ほかの子どもに病気をうつしたりしてしまう可能性もあります。最初に無理をさせてしまうと、治るまでの日数が余計にかかって、結局は子どもも保護者も苦しむことになりかねません。極端かもしれませんが、子どもの命より大事な仕事かどうか、と胸に手を当てて考えましょう。もし、30分でも1時間でも職場に行って、休む段取りをつけて来なければならないような状況であれば、日頃から正直に園に状況を申告して、誠実に対応していれば、園によっては数時間だけ保健室コーナーで保育してくれる場合もあります。ここは園と保護者とのお互いの信頼関係次第です。

また、発熱とまではいかないけれど、何となく鼻水が出ていてグズグズして体調が悪そうだけど、今日だけは呼び出し覚悟で会社に行って、仕事を持ち帰る段取りをつけてきたい、などというときもあります。そんなときは「体調が下り坂なので様子を見てください。熱が出るようでしたら早めにご一報ください」と伝えておくことは重要です。先に指摘したように、鼻水が出ていて上気道感染が疑われるときに、ぐずって激しく泣いて、うつぶせに寝かせられたら、窒息やSIDSのリスクが極めて高くなります。「鼻水が出ているから、うつぶせ寝にならないよう、いつも以上に気をつけて見てください」とお願いすると、保育施設側へのさらなる注意喚起にもつながります。

保育園では、子どもの平熱プラス1度、または38度以上の発熱でお迎えを求められることが多いようです。急にお迎えの連絡があっても仕事中の保護者が対応できないことも念頭に、37

度5分を超えたら念のための一報を入れつつ、水を飲ませたり涼しくして様子を見てくれる保育園も多いでしょう。そうすれば、保護者も早めに仕事を切り上げて子どもを受診させたり、早めに寝かせるなどの対応がとりやすくなります。保育園からの電話を極度に恐れることなく、園とのコミュニケーションを大切にしていきたいところです。

とはいえ、子どもは大人に比べて鼻道や後鼻孔が狭く、気道も細いので、風邪などで粘膜が腫れるとゼイゼイと苦しくなりやすいものです。また、子どもは大人に比べて、体内の水分量が多く、1日に必要とする体重あたりの水分量も多いため、咳や鼻水や腹痛などによって食事や水をとりづらくなったり、下痢や嘔吐によって水分が失われたりすると、脱水症に陥りやすいという特徴があります。特に乳児の場合は、脱水症の治療のために入院することもあるほどです。しかも、体調が悪いときは、子ども自身も慣れた自宅で、大好きな保護者と過ごせたほうが安心してゆっくり休息できるでしょう。可能な限り早めに迎えに行ったほうが、子どもも安心するし、回復も早まるかもしれません。

ただ、どうしても仕事の調整ができない、病気が長引いて休みが足りなくなってしまう、仕事を失ってしまうなどという個々の事情があって、保護者が必ず対応できるとは限りません。こういうときに、保護者に代わって看護師等が緊急の対応をする病児・病後児保育事業もあります。小児科併設型の病児対応ができるところもあれば、子どもは元気だけど出席停止のため登園できない期間に対応してくれる病後児保育事業もあります。各市区町村のウェブサイトを見たり、子育て支援課に問い合わせたりしましょう。

もっとも、イギリスなどの諸外国に病児保育はありません。子どもが病気のときに早く仕事を切り上げて帰宅するのは労働者の権利であり、子どもの権利だという考えに基づくようです。日本でも「働き方改革」が取りざたされていますが、子どもが病気のときくらい、保護者が近くにいて、安心させてあげることができる労働環境に変わってほしいと思います。

最後に、保育施設は集団生活になりますので、家庭で過ごす場合よりも感染症にかかる機会は多くなります。防げる病気で子どもが苦しまないためにも、ほかの子どもにうつさないためにも、保護者が大変にならないためにも、集団生活が始まる前にワクチンを必ず接種しましょう。予防接種や、日頃の子どもの発達や健康状態について相談できる「かかりつけ医」を持つと安心です。「かかりつけ医」であれば、薬を一日2回に分けるなど、園生活をふまえた薬の処方をしてもらいやすいでしょう。

もしも接種し忘れてしまったときには、地域の保健センターで相談してみてください。新しい接種スケジュールについて考えてもらえるでしょう。

3 子どもに変化があれば先生に相談を

(1) 子どもの様子を観察しよう

園に子どもが通い始めたら、子どもの様子をよく観察しましょう。新しい環境に入って、初めのうちに別れ際だけ泣いてしまって離れられなくなったり、帰ってきたら疲れていてバタンと寝てしまったりするかもしれませんが、すぐに元気になって園に行くのを楽しみにしているようであれば、基本的には大丈夫でしょう。

逆に、子どもが常に登園するのを嫌がってひどく泣いたり、普通はできないような場所に傷や痣を作ってきたり、無表情になっていったり、ちょっとしたことでビクビクしたり、ヒステリックに泣くなど感情が不安定になっていたら、要注意です。

たとえば、子どもたちを毛布で包んで紐で縛る暴行を加えていた「託児室トイズ」（140ページ参照）では、認可保育所の閉園時間後の二重保育を受け入れていましたが、トイズの迎えが来る時間が近づくと子どもたちがそろって激しく泣くということで、不審に思った園の先生が保護者に「トイズはやめたほうがいいんじゃないか」と進言していたとのことです。

私（寺町）自身は、前述の「ちびっこ園」（１２４ページ参照）を複数園見てまわり、中に入らせてもらいましたが、子どもの人数に比べて保育者の人数が不足していることは明らかで、部屋の隅にうずくまっている子どもや、無表情な子どもがそこかしこにいて、子ども同士の激しい口調のケンカを誰も見ていない様子でした。すでに、西池袋園の事故が報道され、世間的に注目を浴びている時期でしたが、「ちびっこ園」の保育環境が劣悪であることは一見して明らかでした。

たとえば、保育者が頭ごなしに怒鳴りつけたり命令したり、「こんなこともできないなら赤ちゃん組に行きなさい！」などと脅すような園では、子どもは、本来信頼を寄せて頼りにしたい大人に冷たく拒絶的な対応を取られたために、大人の顔色を見てビクビクするような姿を見せるようになります。

もちろん、ここに挙げたのは極端に劣悪な施設での出来事ですので、子どもの様子が不安定になったからといって、すべてが園のせいだとは限りません。子どもに不安な様子が見られたときには、園に家庭での子どもの状況を伝えて、まずは相談を持ちかけてみるとよいでしょう。

子どもを預かってもらっていると「人質にとられている」というような気持ちになって、気になることがあってもなかなか言えないという人もいるかもしれません。しかし、心ある先生であれば、子どもの様子の変化や不安な点を伝えたら、きちんと受け止めて、子どもの気持ちに寄り添ってくれるはずです。逆に、気にかけて様子を見てくれる、という対応をとれないようであれば、園の対応に問題があることを疑ったほうがいいかもしれません。

（2）伝え方と家でできること

ただし、園の先生も人間ですから伝え方には配慮が必要です。最初から「園のせいで不安定になっている」と決めつけては、理解し合えるものも理解し合えなくなってしまいます。まずは、あなたが不安に思っている子どもの様子をありのままに伝え、何か思い当たることがないかを聞いてみましょう。家庭でもできることがないかを聞いてみてもいいでしょう。

たとえば、0歳児クラスで月齢が小さいお子さんだと、ほかの子は歩いていたり、自由にハイハイしているのに、自分だけ未だ自由に動きまわれないことがストレスになっているケースもあるかもしれません。都会の狭いおうちでベビーベッドとベビーチェアと抱っこで移動の生活をしていると、おうちで十分にハイハイの練習ができないこともあるでしょう。これは私（寺町）の実体験ですが、ベッドを処分して畳の部屋を作ったところ、ほどなく子どもがハイハイを始め、保育園でも自由に動きまわれるようになり落ち着いたということがありました。

子どもは2歳くらいになると友達に関心を持ち始め、相手の存在を認識し、同じことを真似してみる並行遊びを始めます。さらに、物を介して友達とコミュニケーションをとるようになってきます。こうなると物の取り合いから引っかいたり引っかかれたり、噛みついたり噛みつかれたり、というトラブルも生じてきます。子どもについた傷跡を見ると、内心穏やかではいられないかもしれませんが、子どもが他者を認識し、関心を持ち始めた証拠と考えると、少し心を落ち着かせて見守ることができるのではないでしょうか。

もちろん、園では手を出すのではなく言葉で気持ちを相手に伝える練習を仲介してくれますし、トラブルが起こらないように同じ種類のおもちゃを複数用意したり、それぞれの子どもが自分のパーソナルエリアに侵入されることなく穏やかに遊びに集中できるよう床面積に余裕を持たせている園もあります。子ども同士のトラブルに関して、園がどのように考えていて、どのように対処しているのかを聞いてみるとよいでしょう。

幼児クラスになると、友達同士の関係での悩みも出てきます。たとえば、わが子がおままごとでいつもペットの犬の役をやっているというような場合、本当によいのか気になるかもしれません。でも、おうちごっこで一番人気の役は「お母さん」とは限らず、「ペットの犬」や「バブちゃん（赤ちゃん）」だったりすることもあります。

あるいは、クラスの特定の子に「何もしてないのに叩かれる」「今日も作っていたものを壊された」などと訴えてくることもあるかもしれません。しまいには「保育園（幼稚園）に行きたくない」と言い出すかもしれません。そんなときは、まず子どもの話をよく聞いてみましょう。特に年齢が小さいとうまく話せなくて癇癪を起こしたり、自分は悪くないということしか話さなかったりするかもしれませんが、ときどき「それで？」などと促しながら話せるまで待って、気持ちや事実関係を確認してみてください。子どもが言葉で自己主張したり、自分に不利なことも正直に話したりできるようになるには、大人が急かさず話せるまで待つことや、子どもの言葉に反射的に反応して評価したり叱ったりしないことが大切です。ただ聞いてもらうだけで、気持ちが整理できる場合もあります。

そのうえで、担任の先生にクラスの状況を尋ねてみるとよいでしょう。「何もしていないのに」というのは本当にそうなのか、子ども同士の前後関係の文脈で何かお互いさまのことがあるのか、自分の子どもだけがやられているのか、ほかの子どももやられているのか、その特定の子はどういうときに暴力的な言動に出るのかなど、子どもの目からは見えていない事情が見えてくるかもしれません。担任の先生たちも保育の状況を見直してくれるかもしれません。

私が子どもを通わせていた園では、ほかの子に乱暴をする子が、どんなときに乱暴になるのかを先生たちで話し合ったところ、自分はつまらないのにほかの子が楽しそうにしていると、それを壊しに行っていたことが浮かび上がってきたそうです。そこで、先生から「その子を含めて一人ひとりの子どもが、1日に少なくとも1回は〝楽しい!〟と思える瞬間を提供できるように保育内容を見直したから、少し時間をかけて様子を見てほしい」と言われました。実際、ほどなくして子どもからの「今日もやられた」という訴えは聞かれなくなりました。

先日、このときの担任の先生が定年退職を迎えられたので挨拶にうかがいました。先生は「40年間、本当に楽しかった。お母さん、私1度も保育士を辞めたいって思ったことなかったよ。子どもたちと過ごせて本当に幸せだった」とおっしゃっていたのが印象的です。一人ひとりの子どもを大切に思い、一人ひとりの子どもが安心して自分の気持ちを出せて、「楽しい!」と思える保育を作ることに全身全霊をかけてきたであろう先生の言葉に、胸が熱くなりました。こういう熱い心を持った先生たちが全国に大勢います。

まずは、保育士・幼稚園教諭という仕事に誇りを持って、日々子どもたちを一緒に育ててくれている先生たちに、私たち保護者が敬意を持って接することから、先生と保護者と子どもとのよい人間関係が生まれるのではないでしょうか。

4 園に問題があると思ったらどう対処するか

日々の送迎や保育参加、行事の見学などの中で、安全面や環境面、教育面、人権面などで気になることが見えてくる場合もあります。その場合、どのように対処したらよいでしょう。

(1) 何を基準に判断するのか

幼稚園であれば「幼稚園教育要領」、保育所であれば「保育所保育指針」、認定こども園であれば「幼保連携型認定こども園教育・保育要領」「幼稚園教育要領」「保育所保育指針」に則って、保育を実施することになっています。これに照らしてどうかというのは、ひとつの基準になります。

さらに、上位の法規範としては、日本国憲法や日本が批准している「子どもの権利条約」「女子差別撤廃条約」「障害者権利条約」、国内法としての「教育基本法」「学校教育法」「学校保健安全法」「児童福祉法」「認定こども園法」「次世代育成支援対策推進法」「障害者差別解消法」などと、これらに基づく政省令など、一般社会であれば従わなければならない様々な法に照らしてどうかということも判断基準になります。

（２）どのようなアプローチで改善を求めるか

では、いろいろ検討してみてもやっぱりおかしいと思った場合、どのようなアプローチで改善を求めたらよいでしょう。次の４つが考えられます。

① 担任の先生と話し合ってみる

② 園長先生と話し合ってみる

③ ほかの保護者と意見交換をして、保護者会（父母会）を介して申し入れをしてみる

④ 園内で解決できない問題であれば、第三者に相談する

まず、①と②については、先に述べたように、まずは決めつけずに状況を伝えて話し合うことが大切です。

なかなか難しい場合は、③の各幼稚園や保育園にある父母会に相談してみましょう。父母会は、園と協力して子どもたちの健やかな育ちを支えるとともに、同じ時期に同じ園、同じ地域で子育てをする保護者が親睦を図ることを目的にしています。子どもたちには、ときに仲よく、ときにぶつかりながら、人間同士の付き合い方、距離の取り方を学んでいく経験や環境が必要不可欠です。そのような関係を保護者たちも一緒になって作ることで、子どもたちの園生活が充実したものになります。父母会を通じて、同じくその園に子どもを預けるほかの保護者からも意見を聞き、第三者的に園との関係を取り持ってもらえると、バランスのよい解決を得られる場合もあるでしょう。

それでも解決しない場合や子どもの育ちや命にかかわりかねない場合は、④の第三者へのアプローチを行いましょう。管轄官庁や苦情を受けつけてくれる第三者機関がどこなのかは、保育形態によって異なってきます（12ページの一覧表を参照してください）。

〈私立幼稚園〉

幼稚園は文科省管轄であり、自治体の所管としては首長部局からは独立した教育委員会になります。私立幼稚園は、私学助成のまま運営している園と「子ども・子育て支援新制度」に移行した園とで苦情の窓口も異なります。私立幼稚園の設置・廃止の認可は、都道府県知事が私立学校審議会への諮問を経て行います。また、設備・授業・その他の事項については、法令の規定または教育委員会・都道府県知事の定める規定に違反した場合に変更を命令する場合も、都道府県知事が私立学校審査会への諮問を経て行うことになっています。このように私立幼稚園に対する認可や命令は、都道府県知事という選挙によって選ばれる首長が単独で行うことはできません。これは、私立の建学の精神を保護するため（学問の自由・憲法20条）に、政治的介入ができないように制限がかけられているのです。虐待と思われるような深刻な事態がある場合には、都道府県知事に対して申し出をして、私立学校審議会への諮問を経て変更命令を発してもらうように働きかけることができます。

他方、「子ども・子育て支援新制度」に移行した園は、自治体の子育て支援の担当課が苦情を受け付けることになります。

〈公立幼稚園〉

公立幼稚園は市区町村が設置主体のため、教育委員会のほか設置者としての市区町村の所管課に改善指導を求めることもできます。また、公立幼稚園のほとんどが「子ども・子育て支援新制度」に移行しています。なお、最近は未就学児に関する子育て支援施策を一括して担当する課を設けている自治体もあり、教育委員会の幼稚園に関する権限を、その子育て支援の担当課が担っている場合もあります。

〈認定こども園〉

認定こども園は、文科省と厚労省にまたがるため内閣府が所管していますが、幼稚園型・保育所型・幼保連携型・地方裁量型があるため、教育委員会が所管している自治体もあれば首長部局が所管している自治体もあります。

幼保連携型認定こども園は社会福祉法の適用があり、都道府県の社会福祉協議会の「福祉サービス運営適正化委員会」に相談することができます。「福祉サービス運営適正化委員会」は、様々な福祉における利用者等からの苦情を受け付け、福祉サービスの適正な運営を確保するために事業者に対して必要な助言または勧告をしたり、不正行為が行われている恐れがあるときは都道府県知事に通知したりします。

〈保育園その他の保育事業〉

保育園その他の保育事業は厚労省管轄であり、自治体では首長部局が所管します。幼稚園と同様に子育て支援の担当課が窓口になっている場合があります。

また、保育所や地域型保育施設など、子ども・子育て支援法の第19条2号・3号認定の子どもを預かる施設・事業（小規模保育、一時預かり事業など）の場合にも、社会福祉法の適用があり、「福祉サービス運営適正化委員会」に相談することができます。

いずれにしても都道府県が認可・認証・届出する施設と、市区町村が認定する施設があり、それによって直接の指導監督権限が都道府県にあるのか、市区町村にあるのかが異なります。さらに県によっては、乳幼児の預かり施設に対する指導監督権限を一括して市町村に権限委譲する条例を制定している県もあり、それぞれの施設について誰が指導監督権限を有しているのかは、個別に確認しなければ一概に言えません。複雑な状況になっています。

わからないときは、お住まいの市区町村に問い合わせて、自分の子どもが通っている施設の形態を所管している担当課を確認し、担当課に相談してみましょう。

同じ就学前の子どもを預かる施設なのに、教育委員会と首長部局とに分けられていることの不合理さを感じる面もありますが、幼稚園を所管する教育委員会制度は第二次世界大戦に至るプロセスの中で教育が政治利用された歴史への反省から、戦後の民主化政策の中で、その時々の政権党の党派的影響力から中立性を確保し、継続性・安定性を図るとともに、地域住民の意向を反映した教育行政を実現する目的で、首長からは独立した独立行政委員会として置かれていることは知っておきたいところです。

5 もしも重大事故が起きてしまったら……

考えたくないことではありますが、もしも万が一、重大事故が起きてしまったら、保護者は何をすればいいのでしょうか。

ある日、突然、職場に電話がかかってきます。「○○ちゃんが救急車で運ばれました。すぐに△△病院に向かってください」。保護者の方の頭の中は真っ白になるでしょう。お子さんの状態によっては、治療方針（治療の中止も含む）の決定、その後の生活や仕事の手配でてんてこ舞いになることでしょう。

その状態の中でも、「何が起こったのか」を知るためには保護者が直ちに動く必要があることを覚えておいてください。先にも述べた通り、日本には「チャイルド・デス・レビュー」の制度がなく、2016年4月から保育行政による重大事故の検証制度が始まりましたが、検証制度はスタートしたばかり。各自治体は事故が起こる前に検証委員会を設置しておくことはまずないため、初動の遅れから事実が曖昧になってしまうリスクは否めません。やはり、当面は家族・遺族が、自ら関係者の話を聞いて証拠を集める必要があります。

警察も捜査をしますが、警察は国家が加害者とされる人に対して刑罰を科すべきか否かという観点から捜査をするのであり、家族・遺族に事実を伝えることを目的としていませんので、「捜査の秘密」という厚いベールに隠されて、起訴されない限りは、家族・遺族が納得のいく情報を得ることは困難です。警察が押収した資料を入手することもできません。最終的な処分が不起訴（嫌疑なし・嫌疑不十分・起訴猶予の3種類）になった場合は、関係者がその事故に関して話をした内容を書いた書類（供述調書）は表に出ません。何があったのかを知るためには自ら関係者の話を聞き、証拠を集める必要があるのです。保護者や周囲の人がアクションを起こさなければ、事実は散逸してしまうでしょう。

実際には、以下のような手順で動くのがいいと思います。

①関係者から事情を聴く

できるだけ早い時期に事故現場に行って、当日その場にいた職員一人ずつから話を聞きます。録音やビデオを撮りながら再現をしてもらうとよいでしょう。保護者だけでは難しい場合は、親族や友人、園の保護者仲間に付き添ってもらってもいいと思います。保育施設で子どもを亡くした遺族の会である「赤ちゃんの急死を考える会」(http://isa.sub.jp)に相談するのもひとつです。

それらの証言を時系列に並べて対照表を作ります。この対照表を作ると、穴のある部分が浮かび上がってきますので再聴取で穴を埋めていくことで、事実が浮かび上がっていきます。

最近は、内閣府が出した事故発生時の対応がガイドラインに則って、事故直後に職員一人ひとりが自分の行動を記録に残している可能性もありますので、それを開示してもらうのもひとつでしょう。

その際、各人の証言が微妙に食い違うことがあるかもしれませんが、不自然なことではありません。人間の記憶は完全ではありません。むしろ、全員の証言が完全に一致していたら、そのほうが不自然でしょう。

②客観資料を集める

事故時の状況や、子どもの健康状態などを確認できる客観的な資料をできるだけ確保します。

たとえば、寝具のタグを写真に撮って同種の寝具を確保する、当日食べていたものや現場状況を写真に撮る、救急隊の出動記録を情報公開請求で取得する、母子手帳を確保する、かかりつけ医のカルテ開示を求めるなどです。

③ 自分の記憶を記録にとどめる

事故当日、あるいは最近の子どもの様子について、記憶が薄れないうちにメモに書き起こしておきましょう。前日の就寝時間、当日の起床時間、朝食に食べたもの、体調、事故直後に受けた電話の内容、病院での説明など、なんでも記録しておいてください。

④ 行政の重大事故検証委員会の設置および検証を求める

念のため、自治体に重大事故検証委員会の設置および検証を求める申し入れをしましょう。窓口となる自治体は、施設の種類や地域によって異なりますが、原則としては、私学助成の幼稚園は都道府県、子ども子育て支援法に基づく施設（幼稚園、４種類の認定こども園、保育所、地域型保育事業、地域子ども・子育て支援事業）は市区町村、認可外保育施設は都道府県・指定都市・中核市が設置することとされています。本来的には、家族・遺族の意向にかかわらず、検証委員会を設置して事実を調査し、検証するのは保育行政の責務ですが、まだ検証制度がスタートしたばかりで、保育施設での重大事故は絶対数としては少ないため、保育行政が自ら検証を始めるとは限りません。家族・遺族の意思を表明したほうがよいでしょう。

⑤自分たちで再現を行ってみる

先に紹介した西条聖マリア幼稚園の川での溺水事故の場合（130ページ参照）、遺児と同じ幼稚園の年長クラスの保護者および子どもたちが、事故の4日後に現地で再現を行っています。子どもたちの記憶が新しいうちに事故現場で再現ができた稀なケースです。衝撃的な出来事においていて何が起こったのかを言葉に出して吐き出せることは、居合わせた子どもたちの心の安定を取り戻す意味でも有意義であったようです。

このようにして集めた証拠は、検証委員会が設置された後に提供することによって重要な検証資料になるでしょう。

⑥独立行政法人日本スポーツ振興センターの災害共済給付の申請

独立行政法人日本スポーツ振興センターの災害共済給付に加入している園に通っていた場合は、施設側の法的責任の有無にかかわらず、給付金を申請することができます。子どもが園の管理下で何らかの災害（負傷、疾病、障害、死亡）に遭った場合、保険医療費の自己負担分と保険医療費の１割を上乗せした額が支給されます。また、後遺症が残った場合は、後遺障害等級に応じて最高３７７０万円までの障害見舞金が、死亡の場合は最高２８００万円の死亡見舞金が支給されます。ただし、家族・遺族から直接センターに申請をすることはできず、施設を介してしか申請が受け付けられません。施設の一方的な事故報告書が付される場合もあり、手続き的には改善が必要です。

⑦ 刑事告訴・民事賠償請求訴訟

施設が事実を隠したり（隠していると思われたり）、誠実に事故に向き合っていると受け取れない場合、家族・遺族がとれる手段は、刑事告訴または民事賠償請求訴訟という法的手段しかなくなります。

事件発生直後から、または調べる途中の段階で、施設側が弁護士を立てるなどして家族・遺族への説明を拒絶してしまうことがあります。すると、家族・遺族は「何があったのか」を知ることができなくなってしまうため、事実を知るために刑事処罰を求めたり、民事訴訟を起こしたりせざるを得なくなります。虐待などの故意犯でない場合、不幸なボタンのかけ違いが始まる瞬間です。

その場合、保育施設での重大事故は、交通事故などの定型的な事故とは異なり、ケースごとに具体的な事情に照らして過失を構成しなければならず、高度な法的判断が求められることや、過失行為と結果との因果関係の立証も困難であるため、弁護士を依頼すべきでしょう。

なお、子どもが重傷を負ったり、亡くなったりした場合に、保護者が保険金の請求をすることについて、インターネット上などで「お金目当て」というような心ない誹謗中傷をされることが多々あります。しかし、当然のことですが、子どもが重度のケガや病気を発症したときに、治療や将来の介護のためのお金は必要です。また、子どもを亡くした場合、その衝撃によって従来通りに働けなくなったり、うつ病やPTSDを発症したりしてしまう保護者も多いのです。せめて心の落ち着きを取り戻すまでの生活費や治療費として、何らかのお金は必要です。

同様に、刑事告訴や民事賠償請求訴訟を起こすケースの多くは「お金目当て」ではありません。園側の保険会社の弁護士が介入して、当事者間で一切の接触ができなくなり、何が起こったのか、知りたいことに答えてもらえない、何もわからない状態に置かれると、裁判をする以外にまともな回答をもらうことすらできなくなります。そして、止むに止まれず刑事告訴したり民事裁判を起こしたりするのです。このことは、ぜひ知っておいていただきたいことです。ただでさえ苦境にある被害者（遺族）を誹謗中傷するのではなく、「自分の子だったら」という共感を持って支えてください。

ここに書いたことが役に立つような事態が起こらないことが何よりも大切です。大切な子どもの命が失われることがないように、就学前の子どもたちが過ごす場が、安全で安心な場となるよう、私たち大人は力を合わせていきましょう。

column 5

企業保育所には倒産の可能性もある

日本では2001年に福祉施設運営に株式会社の参入が認められましたが、保育施設の運営に株式会社の参入が始まったのは、2006年頃からでした。株式会社である以上、「倒産」する可能性があり、安定的に保育を継続できない心配があることから、多くの自治体は株式会社の参入に懐疑的でした。

しかし、待機児童が多い都市部では、社会福祉法人と公立に頼っていたのではなかなか保育施設の数を増やすことができません。特に2004年に公立保育所の運営費が一般財源化され、国から地方自治体に直接下りなくなってからは公立保育所を増やすことができず、民営化を行うことになっていきました。

そんな中、やはり「倒産」の不安は現実のものとなりました。2008年10月30日、首都圏を中心に「ハッピースマイル」などの名称で保育園や学童保育、病児・病後児施設を経営していた（株）エムケイグループが倒産したのです。倒産が決まった日に保育園の閉鎖も決定し、保護者たちは子どもの荷物をすべて持ち帰らされました。この会社が運営する全部で29の施設に通う子どもたちと、働いていた職員が、突然、行き先を失うことになったのです。

「ハッピースマイル」の施設のうち、川崎市内では2園が「認可保育所」でした。その2園に在園していた子どもたち（計46人）は、川崎市が別の公立保育園に転園させました。一方、同じ系列園であっても、東京都認証保育所や、当時のさいたま市認定ナーサリー、川崎市認定保育園などの認可外保育施設に在園していた子どもたちに対しては、基本的には自治体による転園先の確保が行われず、転園できたかどうかの確認もできていない子どもたちがいました。

児童福祉法では、市区町村に保育の実施責任があると定められています。認可保育所は、私立であっても企業が経営している園でも、自治体の委託によって運営され、保護者はその園や企業ではなく自治体と契約しています。ですから、倒産した場合にもそういった措置が行われたのです。企業立の園にはこういった心配がありますが、同様に社会福祉法人でも運営がうまくいかず、別の法人に引き継がれた事例はあります。

保護者は園の経営や運営には気づきにくいものですが、「ハッピースマイル」事件のときには、「保育者の数がどんどん少なくなった」「給食がなくなり、宅配弁当になった」などの徴候がありました。「保育者の入れ替わりが激しい」などの状況があったら、経営の問題があるのかもしれないと考え、自治体などに相談するものひとつの手です。

おわりに

一般社団法人　子ども安全計画研究所
猪熊弘子
寺町東子

保護者は誰しも、子どもが「幸せな人生」を送れるように育ってほしいと願っているでしょう。第1章では、小学校入学前の乳幼児期に、一人ひとりの子どもが十分に受け容れられ、大切にされ、子どもたちが自己肯定感を育み、主体性をもった個人として生き抜く力を身に付け、そこから他者との関係を結ぶ力や自分の感情をコントロールする力、やり遂げる力が育まれることが、「主体的・対話的で深い学び」であり、幸せな人生を送る基礎となることをみてきました。突き詰めていうと、乳幼児の施設にとって重要なことは「一人ひとりの子どもを大切にする」ということです。

では、「一人ひとりの子どもを大切にする」施設は、どのようにして成り立っているのでしょうか。第2章では、保育の質を構成する三要素（プロセスの質・構造の質・労働環境の質）についてご紹介しました。一人ひとりの子どもを大切にする、というプロセスを生み出しているのは、一人ひとりの先生（保育士や幼稚園教諭やその他の職員）です。保育施設の最大の環境は、子どもにかかわる一人ひとりの先生です。その先生は、大切にされているでしょうか？全産業平均と比較して見たときに月額平均給与が10万円も安く、朝から夜遅くまでのシフト勤務の場合もあり、他方で、求められる専門性や子どもの命に対する責任は重く、そのアンバランスさに、本当に申し訳ない気持ちになります。

私たちは、配置基準や専門的訓練などの構造の質や、保育者の待遇や運営参加などの労働環境の質を上げることによって、保育のプロセスの質を上げることが、特に働いていない保育者を現場に呼び戻すとともに、若い人たちに「やりがいがあって、待遇もよい、尊敬される職業」と思ってもらうために必要だと考えています。保育の仕事が夢とやりがいと生活の安定を持てるように変わることで、一人ひとりの保育者が、一人ひとりの子どもを大切にする保育につながっていくのではないでしょうか。

第3章では、実際に起きた重大事故と、今後どうしていくべきなのかについて書きました。第4章では、実際に重大事故を起こした施設を反面教師として、保護者ができることを見てきました。私たちは、大切な子どもたちを、一人ひとり大切に、対話的に、その主体性を尊重して育てていくことと、重大事故の防止は繋がっていると考えています。

小学校入学前の乳幼児のための施設が多様化する中で、保護者が「選ぶ」目を養うことは、わ

おわりに

が子を守るために必要なことになってきているのは事実です。日本の国や住んでいる自治体の「主権者」として、どのような保育施設を望むのか、乳幼児期の教育・保育はどうあるべきかを考え、よりよいものにするために国や自治体に対して要望、社会に対して主体的に発信することも重要です。当事者が声をあげれば、制度は変わります。

この本は、私たち著者が、よい実践に挑戦しつづけている施設から死亡事故が起こっている劣悪な施設まで、様々な乳幼児の施設を見てきた知識・経験に基づいています。子どもにとって本当によい施設とはどんな施設だろうか、逆に死亡事故を起こしてしまうような施設は何が足りないのだろうか、と20年間かけて考えてきたことを書き記しました。これからわが子が通う園を探す保護者のみなさん、保護者から子どもたちを預かる現場のみなさんに、「子どもにとって本当によい施設」とはどんな施設かを考える一助にしていただければ幸いです。

最後に、筆の遅い私たちを励まし編集の労をとってくださった内外出版社の大西真生さんと、「赤ちゃんの急死を考える会」をはじめとするご遺族の皆様、そして豊かな保育のあり方を教えてくださった日本中の幼稚園、保育園、こども園のみなさま、メッセージを寄せてくださった大豆生田啓友先生に感謝申し上げます。

２０１８年3月　満開の桜の花ひらく東京にて

猪熊弘子（いのくま ひろこ）

1965年横浜市生まれ。ジャーナリスト、名寄市立大学特命教授、東京都市大学客員教授。お茶の水女子大学大学院 博士後期課程（保育児童学領域）在籍中。保育士。子どもの問題、特に保育制度、待機児童、保育事故などの取材・執筆を行う。現在はイギリスを中心に海外の保育・教育制度や市場化、保育の質、評価論について研究。著書多数。『死を招いた保育』（ひとなる書房）で第49回日本保育学会 日私幼賞・保育学文献賞受賞。近著に『子育てという政治』（角川新書）、『保育園を呼ぶ声が聞こえる』（太田出版、共著）など。双子を含む4人の子の母。

寺町東子（てらまち とうこ）

1968年名古屋市生まれ。弁護士、社会福祉士、保育士。教育・保育施設での重大事故防止のための保育諸団体における研修講師やコンサルティング業務に取り組む。練馬区保健福祉サービス苦情調整委員として子どもの施設などへの苦情の調整にあたる。子どもの権利保護の観点から、夫婦・家族等の法律問題にも取り組む。著書『保育現場の「深刻事故」対応ハンドブック』（ぎょうせい、共著）、『弁護士って おもしろい！』（日本評論社、編著）、『司法の現場で働きたい！弁護士・裁判官・検察官』（岩波ジュニア新書、共著）ほか。3人の子の母。

教育・環境・安全の見方や選び方、付き合い方まで

子どもがすくすく育つ

幼稚園・保育園

発行日　2018年５月25日　第1刷発行
　　　　2021年12月５日　第2刷発行

著者　猪熊弘子　寺町東子
発行者　清田名人
発行所　株式会社内外出版社
〒110-8578
東京都台東区東上野2-1-11
電話　03-5830-0368（販売部）
電話　03-5830-0237（編集部）
http://www.naigai-p.co.jp

装画・扉イラスト／網中いづる
装丁・本文デザイン／大橋智子
校正／内藤久美子（オフィス・クーリエ）
印刷・製本／中央精版印刷株式会社

ISBN978-4-86257-384-1　C0077